JN145042

日本人が気づかない心のDNA

母系的社会の道徳心

森田　勇造

三和書籍

日本人が気づかない心のＤＮＡ―母系的社会の道徳心―　目次

序章

人類の本質はなかなか変わりませんが、人類が営む社会のあり方はどんどん変化、発展しますので、これまでのように欧米中心的価値観、特にアメリカ的価値観や文化観が、これからも世界を席巻するとは限りません。

アジア大陸東端の先にあり、周囲を海に囲まれた日本の生活文化は、比較的自然環境に恵まれたこともあり、世界的には珍しく、信頼心や絆の強い信頼社会で人間賛歌に富んでいました。そう感じたのは、書物や伝聞によるのではなく、世界一〇〇カ国以上も訪れた私の五感によるのです。

これまで半世紀もの間、世界の多くの国を踏査してきましたが、日本ほど治安がよく安定した社会生活が長きにわたって営まれていた国は、他に見かけませんでした。

第二次世界大戦以後の日本の学者の多くが欧米、特にアメリカの社会学、経済学、法学、教育学などを学び、日本の生活文化を十分に知らないまま座学的学問の世界観、価値観で日本を見がちでした。

世界の中でも特異な生活文化の日本を、欧米化させようと煽動する学者が評価されがちであった、戦後七〇年間は文化的革命時代で、欧米化した日本人の多くが、日本人の文化遺産としての心の世界を見失いがちでした。

しかし、これからの混とんとした科学的文明社会をより安全に継続するには、世界に誇れる日本人の心としての文化遺産である〝道徳心〟が、いっそう必要になっているのです。

単一民族に近く、統合された利他的精神の強かった日本は、多民族、多文化の社会で、利己的精神の強い国々に比べ、はるかに〝道徳心〟の篤い国になっていたのです。しかし、道徳心は何も日本だけにあるのではなく、社会生活をする人類には、多かれ少なかれ、どの民族にもあるのですが、古来定住型社会の日本は特に強かったのです。その道徳心は、定住した同族的社会「世間」において、悪を罰し、善を促す固定概念の強かった〝恥の文化〟だと言われたほどの、日本人各自の良心や信頼心によって保たれていました。

ここでの良心は、自分が正しいと信じるところに従って行動しようとする気持ちのことで、個人的感性であり、信頼心は、他を信じて、すべてを任せようとする気持ちで、やはり個人的感情によります。ですから、社会の安定・継続に必要な文化遺産としては、個人的な善悪の感情であり、価値観である良心や信頼心よりも、社会的な善と秩序を意味する道徳心の方がより適格に表現できる言葉だと思われます。そこで、ここでは、社会が安定、継続するための教育人類学的見地から、日本人の心としての文化遺産を〝道徳心〟とすることにします。

ここでの教育人類学とは、これからの科学的文明社会に対応する新しい教育観による、よりよい社会人を育成するための、考えや方法を調査研究することです。よりよい社会人に必要な基本的能力は、発達段階に応じて培われるべきもので、幼少年時代から遊びや自然、生活体験などを通じて少しずつ身につける生活文化のことです。そして、ここでの心とは、物事をどう考え、どう感じるか、意志をどうもつかなど、心理作用である感情の総合的なことです。その心の大切な要素は〝信頼〟、〝愛〟、〝価値観〟、〝情緒〟、〝情操〟などです。

日本は、古くから天皇が存在して社会が統合されていましたので、その道徳心が共有され、尊重されていましたし、伝統文化として知らず知らずのうちに伝承され続けていたのです。しかし、私たち日本人の多くは、そのことをごく当たり前のこととして意識してもいなかったし、文化遺産であることなどには気づいてもいませんでした。

ここでの道徳心とは、社会生活の秩序を保つために、社会の成員相互間の行為の善悪を判断する基準であり、一人ひとりが守るべき行為の基準であって、人の踏み行うべき道を守ろうとする気持ち、心得のことです。その道徳心を具体的に表現しますと、嘘をつかない、騙さない、盗まない、他人を傷つけない、挨拶をする、約束を守ることなどです。

私たちが、定住型社会日本の道徳心の起こりやあり方などを考察する上にとって、まず大事なことは、私たちが住んでいる日本の自然環境がもたらした、日常的な文化的特徴を知ることです。それには、日本以外の国々、特に日本の正反対とも言える移動型社会の牧畜民的文化との比較によることが最もわかりやすく、簡単な方法だと思われます。

四季と呼ばれる季節が巡りくる豊かな自然環境に恵まれた、日本で培われた定住型社会の生活の知恵としての生活文化は、利他的、信頼的、精神的であり、質素と久遠を理想としてきました。しかし、大陸諸国の多民族、多文化の移動型社会で培われてきた生活文化は、利己的、不信的、物質的であり、華美で刹那的になりがちでした。

ここで言う生活文化とは、その土地になじんだ衣食住の仕方、あり方や風習、言葉、道徳心、生活力などの生活様式のことです。

海に囲まれた日本は、外部から他民族の侵略を受けることもなく、一，〇〇〇年以上も天皇制を保持する国体が継続し、文化的統合が成り立っていましたので、人類社会では大変珍しく、道徳心の篤い信頼社会に最も近い国になっていました。そこで、ここでは、日本を古来の信頼社会と呼び、大陸諸国の多民族国家を不信社会と表現することにします。が、戦後七〇年も過ぎた今ではアメリカ化が進み、日本古来の道徳心が薄れ、不信感や金銭的価値観が強くなり、非社会的な問題や犯罪が多く発生するようになっています。

戦後の民主教育によって育った利己的な多くの日本人が、社会人として踏み外してはならない大義、道徳心を失って、無責任なことなかれ主義の風潮に染まり、今では貨幣経済の荒波に飲まれ、生きがいを感じられない、生きがい不明な時代になりかけています。そして、その上、電車の中でも街頭でもスマホを手にする人が多く、家庭や会社、学校でもパソコンを使い、子どもたちはスマホやゲーム機器で遊び、単独思考や行動をしがちな生活をしています。

このような社会現象は、何も日本だけではなく、世界中に起こっていることで、今や人類は科学的文明の虜になって、利己的で歓楽的、刹那的になっているのです。

人類が発明した科学技術の製品は、便利で都合がよく、楽しくて時間と空間を超えますが、それらを維持するために労力、エネルギーと経費が嵩み、その補給に追われて、落ち着きのない多忙な生活になり、社会意識や道徳心が薄れがちになっています。

人類は、個人的には弱く生まれ、社会的には強くなる動物です。しかも、多民族、多文化社会では、自己防衛的に利己主義または個人主義になりがちなのですが、世界的にあまり例のない単一民族に近かった統一国家日本は、利他的精神の生活文化である道徳心がより強く培われていたのです。

社会が安定・継続するために最も重要な生活文化は、多くの人の共有が必要で、なかなか変わらない、変わりがたいものです。社会生活を安全に安心して営むためには、社会化に必要な生きる知恵としての道徳心が必要なのです。

日本は、鎌倉や室町時代の武士階級が胎動し始めた頃から家庭のしつけや生活体験、地域社会での遊びや自然体験、そして若者組などによる祭りや年中行事、奉仕活動などの他にも、〝恥〟とか〝不名誉〟、〝笑われる〟などの言葉を通じて、民俗的な文化教育が世界で最も早くから行われていたのです。そのためにお互いが生活文化としての道徳心を共有しやすく、天皇を中心とする統合された信頼社会の形成に大いに役立ち、家族の絆が強く、社会的、自然的危機管理能力養成がなされていましたので、世界に例がないほど社会が安定し、長く継続してきたのです。

その上、〝世間〟と呼ばれる社会意識が強く、道徳心が一般化していましたので、明治初期に欧米から導入されて地域社会に所属していた、変わるための近代的学校教育が世界一充実し、社会の活力と発展を強く促してきました。何より価値観、道徳心の類似によって治安がよく保たれ、家族の絆の強い安定した信頼社会が維持されていたのです。社会的治安のよかった日本は、国民化教育に成功して民度を高め、近代化を始めた明治維新以後、世界に例がない僅か三〜四〇年の速さで近代的文明社会へと発展してきたのです。そして、五、六〇年後にはアジアで唯一、国力を高めて欧米列強に肩を並べて競い、ついに近隣諸国を植民地にする大東亜戦争を始め、やがて太平洋戦争、そして欧米中心の価値観を変える世界大戦へと突入し、敗戦を招いたのです。

第二次世界大戦が終わった一九四五（昭和二〇）年九月以後は、民主化の名の下に家庭や地域社会の教育力を衰退させ、家族の絆を破壊し、地域社会から学校を独立させて学校中心の教育が始まりました。

地域社会を無視した学校教育は、アメリカ的な多文化主義が主流で国際化教育を推進し、日本人に必要な生活文化の教育はおざなりになっていました。しかし、戦前から国力の基礎が培われていたこともあって、社会意識の強かった旧日本人、すなわち戦中、戦前生まれの日本人たちが、今度はがむしゃらに働いて、食べることの経済活動に邁進し、戦争で荒廃した国土を、僅か二〇年足らずで曲がりなりにも復興させ、一九六四年の東京オリンピック大会を見事に開催したのです。そして、三〇数年後には、ヨーロッパの諸国を凌いでアメリカに次ぐ世界第二の経済大国になり、その実績は、世界の人々を大いに驚かせてきました。その日本人の道徳心や集団的力は、世代交代とともに失われ、戦後七一年目の今や日本は、世界有数の発展した国となり、平和でしかも物質的には豊かになっていますが、日本人の多くは社会意識が弱く、心の支えを失って、不信や不満、不安感の多い社会状況になっているのです。

これからの生きがい不明になりがちな科学的文明社会でも、社会生活に安全、安心を感じ、楽しく元気に生きるには、まず少年期に自分の考えや行動の基礎を培って、ごく当たり前の「こうしていれば大丈夫」という生活習慣としての生活文化を、家庭、学校、地域社会で身につけておくことが、大変重要になっています。

ついては、これからいっそう発展する科学的文明社会日本に、ますます必要になる生活文化としての道徳心について、教育人類学における野外文化教育の観点を中心に、民俗学や民族学と、これまでの世界各国探訪の経験を織りなして、推考してみようと思います。

そして、再び開催される二〇二〇年の東京オリンピックを迎えるにあたり、これからの日本のあり方を考える上にとっても重要な、日本古来の心としての無形文化である道徳心の向上やあり方について、実学的に考察してみます。

二〇一六年　六月一九日

森田　勇造

一　自然災害の多い日本

人類が、自然現象に対応して考案してきた生き抜く力、知恵を、ここでは生活文化と呼んでいるのですが、自然災害の多かった日本列島で生き続けてきた日本人は、どのように生き抜いてきたのでしょうか。

それには、日本人的生きざまの根源的あり方である生活文化を、人文科学的（ここでの人文科学とは、人間同士や人間と環境とのかかわり、人間の社会的ありようのことです）に考察することが重要だと思われます。そうすれば、これまでの自然災害に対応してきた生き方が、推察できるのではないでしょうか。

1 自然現象は知恵の根源

・人は災害によって強くなった

社会の成り立ちは、自然・人・社会的遺産（文化）の三要素によりますが、どのような時代にも、自然との共生による生活文化を忘れては、安定・継続が保てないことはよく知られています。

災害には、人間が起こす戦争や事故などの人災と、自然の異常現象である天災があります。人災には恨み辛みや怒りがついて回り、責任問題が尾を引き、天災には恨み辛みがなく、許しと諦めがあります。

人災も天災も、起こってしまえば同じ災害ですが、社会の動揺が長引いたり、弱者の立場になって感傷的になりすぎて災害に負けてしまえば、民族や社会・国家は衰亡します。

自然は人類にとって衣食住のすべてであり、神であり、仲間なのです。その自然の戒めである災害のおかげで、私たち人間は賢くなり、平和で豊かな社会を発展させる知恵と力を培ってきました。だから自然災害は、人々の努力と工夫によってよりよい社会への変革と発展のきっかけとすべきものであり、これまでの日本人は逞しく大らかに、前を向いて歩み、敬意を払って乗り越えてきました。そのことを忘れて、人災によるかのような弱者の立場で、単純に助けを請うようになっては立ち上がれません。頑張れと言われなくても、各自が頑張らないと全体が衰亡します。

人間にとっての不可思議な自然現象は、神秘的で畏敬の念に駆られ、苦境にあっても天（自然）をうらまず、諦めと許しの覚悟が芽生えるものです。日本では昔から、怖いものは地震、雷、火事、親爺と言われてきましたが、〝喉元過ぎれば熱さを忘れる〟がごとく、人間は恐ろしいことや苦しい経験でも、過ぎ去ると忘れてしまうのが普通です。

しかし、人間に怖いものがなくなると自己中心的になりがちです。その上安全で、平和で、豊かな自由主義社会になりますと、非社会的で利己的になります。だから今日の日本のような豊かで平和な科学的文明社会では、利己主義や唯物主義が蔓延し、自分勝手で驕り高ぶる人が自然に多くなるのです。

そのためというわけではないのですが、時々発生する自然災害は、そうした人間に、ひ弱で無力なことを知らしめ、謙虚に自己を見つめなおす機会と場を与えてくれるのです。そして、一人ではどうにもならず、お互いに助け合い、協力し合って困難から脱出しようと、努力、工夫させられてきたのです。

これまでの自然災害は、驕り高ぶる人間を戒め、諭、畏敬の念を起こさせ、他者と協力し合い、思いやり、愛し合い、絆を大切にする信頼的共同体を営み、よりよい文化を創る、または文化向上のきっかけとなってきたのです。

天災、人災いずれにせよ、起こってしまったら同じで、各個人の対応能力が問われます。地球上のいかなる場所でも、緊急時に役立つ対応力は、飢えや渇き、疲労などの体験によって身についた臨機応変の処置能力です。だから、不断の努力と工夫によって、まずは自分の身が守られるようにしておくことです。

二〇一五（平成二七）年九月初めにおける、東日本の記録的豪雨の兆候であったのか、東京を中心とする関東は、八月二三日頃から曇天や雨天の日が続き、太陽を見ることはありませんでした。そして、九月九日には北関東に記録的な豪雨があり、一〇日の正午頃、鬼怒川の堤防が決壊し、茨城県常総市が洪水に見舞われました。市内四〇平方キロメートルもの広範囲の平地が、あっという間に水浸しになり、田畑や線路、道路が水没したのです。それに住居や市役所までが使用不能になってしまいました。

テレビで観る川の水の氾濫は、かつて観たことのある、東北の太平洋沿岸を襲った大津波と同じように、大地や建物に襲いかかり、あっという間に状況を一変させてしまいました。

〝自然は魔物だ！…〟。私は今さらのようにそう感じました。

人類は、安全、安心、平和な状態で二世代四〜五〇年もの間暮らし続けると、警戒心が薄れ、ひ弱で怠慢になり、守られる立場を主張しがちになるものです。

地震、津波、火山、台風など、自然災害の多い日本列島に暮らしてきた我らが先祖たちは、このような自然災害を幾度も乗り越えて、世界に誇れる豊かな信頼社会を築き上げ、後世の我らに残してくれました。

天変地異の多い複雑な自然環境に順応して培われた日本の生活文化は、繊細で技巧的、嗜好的、かつ利他的で強靭でした。しかし、科学的文明の巨大な壁に囲まれて、そのことを意識することなく暮らす今日の日本人は、ひ弱でストレスを増幅させています。

いつの時代にも社会人は、緊急の災害時に対応する心得、準備が必要です。そのためには青少年時代に心身を培う機会と場が必要なのです。社会の後継者を育成する青少年教育は、苦難や危険な機会と場を設定して与えることであったのですが、今日では、災難を嘆き悲しみ、結果に対応しがちで、助けを求める弱者的発想の対応になりがちです。

起こってしまった災害に負けては、過去からの知恵が生かされなかったことになります。生き残った者は、自らの努力、工夫によって立ち上がり、次なる災害に備えて、心身ともに逞しい青少年の育成に努力、工夫する準備教育が重要なのです。

天災は絶えず繰り返されますが、そのたびに人間は賢くなっているはずなのです。しかし、先の御嶽山の爆発でも、この度発生した熊本地震でも多くの犠牲を払いました。

犠牲者には申し訳ないのですが、いずれ我が身に降りかかることなので、各自が、他人事と思わず、親身になってよく考え、対応する力、知恵を身につけるよう心がけ、いっそう賢くなる機会と場にすることです。

〝高き峰におわす、畏こき神々の息吹に触れ、自然なる里へ還りたる者よ、願わくば、作為なき神々に抱かれて、安らかに眠られんことを…〟。

我らは、静かなる天に向かってただ祈るのみです。

・自然を神としてきた日本人

自然とは、私たち人間を取り巻くあらゆる物や現象を指し、日本では大変神秘的なものとされてきましたが、欧米のキリスト教文化圏では、自然は神が創ったもので、合理的、科学的に解明することができるという考え方です。だから、自然とは摩訶不思議な神秘的なものと考えてきた日本人よりも、神が創った自然を人間が支配すべきであると思いがちな欧米人の方に、自然現象を科学的に考える特性があるのです。

聖地と呼ばれるところは世界中いたるところにあります。その聖地に共通していることは、自然環境に恵まれ、そこに佇むことによって、私たち人間の気が晴れ、心地よくなることです。それは自然とともに生きる人間の素直な心情でもあるのです。それを信仰心と呼ぶか、娯楽と呼ぶかはそれぞれの価値観によりますが、あえて観念の世界に押し込んでしまうのではなく、ありのまま認め、自然とともに生きる人間本来のあり方として認識することが必要になっています。

自然を科学的に知ることは、学問や技術のためには大事なことですが、生きるためにはそれほど重要なことではないのです。私たちは物や金銭だけでは決して満たすことのできない心の世界をもっています。私たちが心で感じる文化としての幸福、満足、安心感やゆとり感などを満たしてくれるのは、自然そのものです。

これまでは、宗教や思想などと呼ばれる観念によって心が支えられ、満たされると考えがちでしたが、その原点は自然観によるものです。しかし、社会を統合する手段として利用され、発展してきた宗教や思想などの観念は膠着化しやすく、社会の発展や変化を阻害し、権力と結びついて壁や境を作り、いろいろな弊害を生じさせてきました。主義思想や宗教などの観念の世界を信じて主張すれば、争いのもとになりやすいのです。しかも観念は、ある社会状況の中で個人または集団が作り出す、一時的な部分的真理でしかないのです。

しかし、自然はいかなる条件の環境であっても、私たち人間にとっては、普遍的、絶対的真理で、人によって向き、不向きはないのです。特に日本人には、摩訶不思議な力をもつ畏まるもので、考え方、生き方、価値観などの文化をも育んできたし、神にもなり得たのです。

地球上のさまざまな自然環境に順応して生きる人間のあり方の共通理念は、心のよりどころ（保障）を得てよりよく、安心、安全に生きることです。自然の一部でしかない人間が、自然に生かされており、自然とともにあるということは、古代も今も、そしてこれからも変わることのない、心のよりどころとしての絶対的真理なのです。

神が自然を創り、人間がその自然を支配すべきだと考えるキリスト教文化圏の欧米では、科学的見地が強いのですが、神、自然、人が一体であるという、調和的感覚をもつ日本人の自然観には、生活習慣としての生活文化までも含まれていますので、欧米人とは異なって自然を神と崇めたり、自然とともに生きるという調和的一体感をもっています。

いずれにしても、この地球上に住む人類にとっては、生きるための知恵である生活文化を育ませてくれる自然は絶対的真理で、安心、安全な生活を営み、社会を安定、継続させて心の保障を得るためには、その有様に従わざるを得ないのです。特に自然を敬い畏まる日本人にとっては…。

大陸に住む人々は、一度災害に遭遇すると、その場を捨てて他に移住、移動しがちでしたが、日本列島に住んでいた人々は、自然災害が起こってもほぼ同じ場所に住み続けていました。

そして、摩訶不思議な現象を時々起こす自然を、魔物による不可抗力的な力、すなわち〝神〟とみなして、万物を崇め、謙虚に生きる生活文化を培ってきたのです。それが日本の土俗的信仰と言われる〝神道〟発祥の要因になっているのです。

日本の稲作農耕民たちは、「人は死ねばごみ（土）になる」という唯物論的な考えではなく、神にもなり得るという唯心論的な考えを培って、人生四、五〇年と言われた昔から、六〇年以上も逞しく生きた長命の先祖の徳と生命力を慕い、あやかろうとしたのです。特に、稲を栽培する際の天災や病害虫、水不足に悩み、苦しみに耐えがたいとき、先祖の霊を呼び出し、助けを求めました。その求めに応じてくれそうな力のある祖霊は、天の神への使者の役目を果たしてくれると考えたのです。

天変地異の自然災害は、天の神による仕業だと考えていた農民たちは、天に近い高い山を恐れ、その恐怖を振り払ってくれるための神への連絡役を祖霊がしてくれると考え、天（神）、山（自然）、祖霊（人）が一体化することを願ったのです。

祖霊は、仙人となって深山幽谷に棲むが、呼べば戻ってくる〝招魂再生〟の理念によりますと、鎮守の森や祠に鎮座するのです。そう考える稲作農耕民にとっては、自然と先祖霊はほぼ同じものだと思われていたし、神にもなるという憧れの理念をいっそう強くしていたのです。

こうした考えから、自然とともに生きてきた稲作農耕民たちの道理の中に、先祖崇拝という〝祖霊信仰〟の精神世界が発展したのです。

儒教における〝孝〟には、祖先を祭る、親子仲よくする、子孫を作るという三つの原則があります。そして、親とは祖先、血のつながり、子孫の繁栄を願った言葉であり、自分の生命を意味する言葉だとされています。

人間は死んで土に戻ると自然となり、神秘的な自然は神として崇められる対象となります。そのような考えからすると、〝親〟のもとになるのは自然であり、神であるということになるのです。

これまでの自立した日本人は、誰しもが日々の暮らしを慎ましくして、よりよく、より長く逞しく生き、祖霊のいる世界に入れるように願って、祭りや年中行事を通して社会に貢献する努力をしてきました。その理念こそが、絆を重んじた生活共同体の子々孫々に至る今日まで、人を神にして天に還す、最高の人生哲学であり、生活文化であったのです。

このような神の発生にはいろいろありますが、我々が困ったとき、人が自身を超越するもの、不可知なものの存在に気づくことなどで、神の所産とする概念は、原始時代に発生しています。つまり、人を取り巻く自然現象を神の所産と考えること、また、人間の共同体の始原者、主宰者、または保護者であるものを、神と考えることによるとされているのです。その延長にあるのが、日本民族の始原者であるとされている、女神の天照大神に通じているのです。

自然災害の多かった日本の人々は、自然を魔物、神、不可抗力として崇め、恐れていました。しかし、単に恐れたのではなく、その魔物とともに生きる心得を培って、生活文化として伝承してきたのです。

これまでの日本人は、災害を恐れても、ともに生きる神の加護を願い、信じて、自助努力と互助精神による信頼社会を形成し、見事に生き続けてきました。

2　災害を乗り越えてきた日本人

・三陸海岸の復興のあり方

平成二三（二〇一一）年三月一一日、午後二時四六分頃、三陸沖の太平洋下で、マグニチュード9・0という、世界で四番目に巨大な地震が発生するとともに、一〇数メートル以上もの大津波が発生して沿岸を襲いました。

三陸沖で大地震や大津波が数十年から数百年ごとに発生することは、歴史上から多くの人が知っていましたが、この数十年来、生活文化として十分には伝承されていませんでした。

しかし、何よりも、東日本大震災による災害の規模は、これまで以上の想像を絶するもので、福島県以北の太平洋沿岸の町をことごとく破壊し、数十分の間にすべてを押し流してしまいました。

地球上のいかなる場所でも、生きるには絶えず危険が付きまといます。豊かな自然とともに生きてきた日本人は、これまでにもいろいろな災害に出会って多くの犠牲を払い、今日の豊かな社会を築いてきたのです。しかし、二〇メートルもの大津波が、防波堤を超え、家や車、人を飲みこみ、田畑を嘗めつくし、工場や飛行場にまで襲いかかり、夢、幻のごとく、何もかも跡形をなくするようなことは知りませんでした。

しかし、それでも、海の幸とともに生きる漁民は、災害を恐れて必要以上に高い防波堤に守られたり、海から離れて高台に暮らすようでは、日常生活の活力を取り戻すことはできないのです。日本古来の復興のあり方は、漁民自身が海を恐れず、自力で海とともに生きる自覚と誇りをもって、海の近くに生活基盤を築くことなのです。

平和と安全と豊かさに慣れすぎた日本人は、机上の座学による安全策を優先しがちで、守られる発想が強くなっていますが、本来のあり方は、各自が生き抜く決意と努力、工夫をしない限り、地元にあった復興はできないのです。

公的機関は、安全な場所や避難方法を確立、支援しても、自然とともに生きる現場の人々の生活の仕方まで指図することではないのです。人間が自然とともに生きる現場は、死をも恐れない危険とともにあるのです。そのことを忘れては、人間的、社会的衰退を招くことになります。

これからの三陸海岸地帯の復興の理想は、地元の漁民自身が築く海岸での労働現場と、公的機関の支援による安全に暮らせる生活現場の、双子の町や村を作ることかも知れません。

・自然とともに生きてきた日本人

人間は、他の生命体である有機物を食べないと生きられない間接栄養体の動物です。だから、いかに食糧を確保し、どう料理し、どう保存するか、また、心と体をどのようになごまし、安全にしていられるかの方法、知恵が必要です。その伝統的な方法・知恵は、先祖代々にわたって、自然環境に順応するために培われてきた生活様式、すなわち生活文化なのです。

周囲を海に囲まれた列島で、四季が巡りくるのを待って食糧を確保してきた、定住社会の日本人は、手にした物を長く利用するための加工や保存の知恵を培う努力、工夫をしてきました。そのため、本来の日本人は、〝待ちと工夫〟による生活文化を培ってきたのです。

人間以外の動物は、生活手段が牙や角、爪、毛や羽などのように特殊化され、それぞれの環境下で生活できるようになっていますが、人間は自分の努力、工夫によって物を作り出して生活しています。そのため、いかなる環境の変化にも対処し、適応できる手段を案出する能力をもっています。

この地球上の自然環境は千差万別ですが、それに応じて人間の適応の仕方が変わり、考え方が変わって文化の違いを生み出してきました。ですから、ここで言う民族とは、人間の形質的特質ではなく、同類の生活文化を共有する人々の集団を意味するのです。

生物は、寒くて乾燥している所よりも、暖かくて湿潤な所の方が棲息しやすいのです。だから人類も食糧としての生物が多い所が生活しやすいのですが、病害虫も多いので、生命の危険が多く、蒸し暑いので不快になりがちです。とすると、涼しくて乾燥している所の方が気持ちよく生活できるのですが、乾燥や寒さで食料が乏しく、人口増加を促すことができないのです。比較的住みよい自然環境の日本列島は、人口密度も高く、豊かな生活文化が培われています。

日本の生活文化の特徴は、先にも記しましたが、季節を待つ生活の仕方やものの考え方による、〝待ちと工夫〟によるものです。

大陸の乾燥地帯で、家畜とともに移動しながら生活する遊牧の民は、季節を待つのではなく、追いかける生活形態を発展させていますので、積極的に行動し、大地を思い通りに使用します。そして、使い終わると次の場所へ移動しますので、自然に対して征服欲が強く、利己的な大地の専有観念はありますが、いつまでも自分のものとする所有観念は弱いのです。

それに比べ、定住生活民の日本人は、季節とともに巡りくる物を、じっと待って感謝して採り、手にした物を大事に長く利用できるように加工したり、保存の工夫をして、無駄のないように努力し、自然との調和を尊び、恵み大きい自然とともに生きる観念が強く、一度手にした物の所有意識が培われました。特に定住する土地の所有欲が強く、所有地の広さは権力、力の象徴ともなりました。そのため、日本人は古代から大陸の人々のように科学的、合理的な発想をしないで、手にした物を保存、加工する発想が強く、物事の改善や工夫の才能に長けていたのです。

自然とともに生きてきた日本人は、自然をよく観察し、その現象をよく理解して応用する知恵を身につけ、集団的にしたたかに生き、待ちと工夫の文化を発展させ、和をもって尊しとする絆の強い社会生活を営んできたのです。

・自然環境への対応

日本は周囲を海に囲まれていますので、列島以外の他民族との交流が限られ、特殊な環境にありました。そのため、日本民族と国民としての日本人が重なって、世界にあまり例のない単一民族的国家になっていました。

日本に住んでいると気づかないのですが、世界の各国を旅行してみると、空気に接する肌は、自然環境に敏感に反応していることが実感としてわかるのです。

周囲を海に囲まれて湿気の多い日本では、衣類の首や袖口を広く開け、肌をなるべく外気にさらして、乾燥させるように努力しますが、乾燥した大陸では、首を絞めるネクタイ、袖口を占めるボタン、足首まであるズボンや革靴など、なるべく肌を包み隠す保湿、保温の文化です。

山の多い日本列島は、南中国地方から流れてくる湿った気流のモンスーン気候によるだけではなく、山の高低による気温の変化によっても雲が発生しやすく、風が起こり、夏は雨や霧が多く、冬は雪が降りやすいので、年間を通じて水が豊富です。自然な飲料水は、石油やガス、鉄鉱石などにも勝る天然資源なのです。

私たち日本人は、意識することなく、雨や霧、水など、湿気の多い環境に心身ともに適応するようになっています。そのせいで、乾燥した大陸諸国に比べ、老若男女を問わず、湿潤な空気に守られて滑らかな潤いのある美しい肌をしています。

私たちの日常生活は、自然環境に順応した生き方が最も大事なことで、座学による理論的な方法は、一時的にはよかりそうですが、長くは続かないのです。

湿気の多い日本の家は、窓は大きく、多く作り、家の中に日差しを取り入れるように建てられていました。だから日本古来の家の中は全体的に明るく、やわらかい感じで、風通しがよく、自然を模した庭に向かって縁側があり、家の中から自然を楽しめるようにもなっていました。どちらかと言えば、家の中でピクニックができるほど開放的で、湿気をより早く追い出せるように工夫されていたのです。

しかし、今日の建築家の多くが、日本の湿気の多い自然環境を考慮しないで、座学的な欧米式の乾燥地帯（大陸性気候）に適応した建築技術に偏りすぎ、地震や火事に対応したコンクリートや石、鉄などの無機物による、窓の小さい密室的な住宅を建築しがちです。そのため、家の中は暗くて風通しが悪く湿気がこもり、蒸し暑いので、人工的に快適な環境を作るために、多くの照明や冷暖房装置を設置し、費用が嵩むようになっています。座学的な建築技術（学）栄えて、国民の犠牲（費用）が嵩むようになりますので、時間とともに不満が強くなるのです。

自然災害とともに生きてきた日本人ですが、残念なことに、福島原発事故の第一原因は、地震なのか津波なのか、いまだにはっきりさせていません。

もし、第一原因が地震なら、地震大国日本が、技術的に最善の努力、工夫をしなければならないことです。巨大津波なら各地方によって条件が異なりますので、鹿児島県の川内原発の再稼働にも納得できます。しかし、原発の耐震装置が不十分なら、今後の再稼働には同意できないし、何より、我々日本人の、人類に対しての責任が問われます。

・今必要な発想の転換

今盛んに論じられている大震災への対応ですが、災害への対応策で最も大事なことは、各自の自覚と認識による判断力、応用力、行動力です。暖衣飽食に親しんだ今日の日本人は、各個人の対応力に欠けていますので、せめて一年に一〜二回の〝絶食の日〟を設け、午前八時から午後六時まで絶食すれば、いざという時に最も役立つ飢えや渇きの体験ができ、健康増進にもなるので、一挙両得になります。

世界に誇れる長寿国日本の国策として、〝一億総活躍〟を提唱していますが、何よりも重要なことは、健康寿命を延ばして、社会保障費の中の医療費を一〜二兆円下げることです。その一例として、六〇歳以上の皆さんが、一日に六キロメートル以上歩き、年間二，〇〇〇キロメートル以上を歩いた方には、表彰状や賞品を授与して、世界に先駆けて社会的評価をする国策とすれば、健康な老人が増えて、簡単に医療費を下げることができます。

日本政府は、巨大地震や津波の被災地で生き抜く備えとして、各家庭に一週間分の食料や水の備蓄を提唱しています。これは、まさしく、危機管理能力の弱い日本人を想定しての浪費的対策です。

今日では、どんな災害でも二〜三日後には、世界のどこからでも援助の手が届きます。人類を、社会を信頼するならば、一〜二日分の備蓄があれば十分ですが、何より重要なことは、各自に、自然現象を最大限に活用する生活の知恵を身につけて、人間力を高めさせておくことです。

日本のように科学的な文明が発達して豊かになりますと、生活するに必要な基本的なことよりも、進学や就職に必要な知識、技能を教えることが教育だとみなされがちですが、いつの時代にもよりよく、逞しく生き、より安全、安心に生活する社会人準備教育が必要なのです。

人の子は、きわめて未熟な脳をもって生まれてきます。生まれる前から人間の形はしていますが、きわめて動物的人間の〝ヒト〟から、社会的、文化的人間の〝人〟になるためには、模倣や見習い的学習が必要なのです。

人間の形をした動物的〝ヒト〟は、一〇歳前後になってやっと社会的〝人〟になれるのですが、神経は生後五歳頃から大きく発達し始め、九歳頃が発達のピークになるとされています。

野外で子どもたちに遊びや生活体験、自然体験、耐久運動などの集団活動をさせるのは、社会人育成の手段であって目的ではないのです。目的は、一人前のよりよい社会人に成長するに必要な、好奇心、行動、理解、納得（感動）、使命などの心理作用を、精神的、身体的、知能的、社会的に起こさせて、よりよく、逞しく生き抜く気力や体力を養成することなのです。

■ 体験活動によって起る心理作用

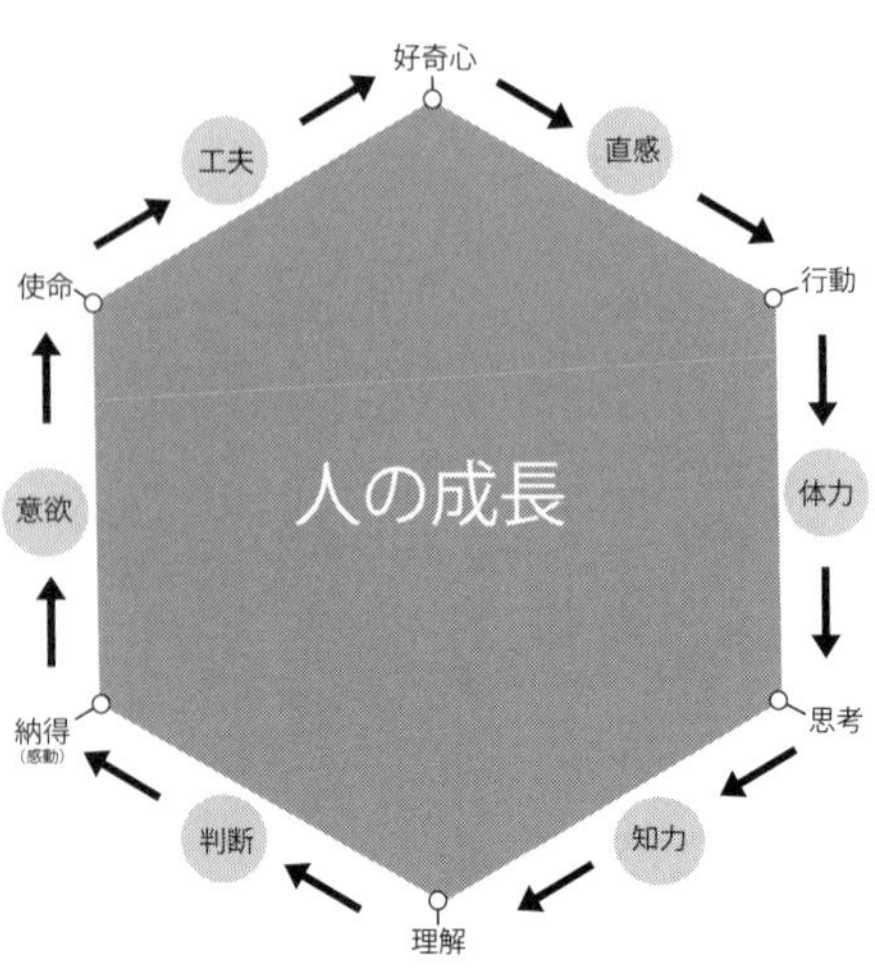

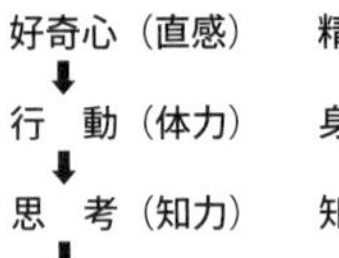

私たち人類は、高度な文明の利器による合理化、明るさ、多情報、物の豊かさなどに対しては、まだ半世紀ほどの体験しかなく、どのように対応すればよいのか判断がつかず、いまだ暗中模索の状態なのです。そのため、科学的な文明社会に対応する知恵や気力を高める心身のあり方や、少年教育のあり方についてはまだ関心が弱く、学問的調査研究も不十分で、不明な点が多いのです。

昔も今も変わりない親の役目は、自分の子どもに自然環境や社会環境を問わず、環境に順応して生き抜く力を身につけさせることです。

二〇一六（平成二八）年六月初め、北海道の七歳の男子が、六日間も水だけ飲んで一人で過ごし、助け出されたニュースが全日本といわず、全世界に流れました。地域の消防団や警察、そして、自衛隊までが出動し、何百人もの捜索隊が探し求めて、六日目にやっと助け出したのです。

大変不思議な出来事だったのですが、子ども自身によりますと、六日間水だけ飲んで生き続けていたそうです。気温もかなり低く、孤独であったはずですが、とにかく環境に適応するだけの心身が強健であったことの証明になります。

親がしつけのために森の中に子どもを一人置き去りにした行為を、外国では虐待ではないかとも取りざたされましたが、そんなことよりも、六日間も一人で生き抜く力をもたせたことは、親の役目を十分に果たしていたことになります。

いつの時代にも子育てに重要なことは、知識教育もさることながら、まずは自己鍛錬のような体験活動を通して、いざという時に役立つ強健な心身と生活力を培わせることです。

物が豊かで平和な今日の日本では、不足が満たされる受動的発想が強く、不足に対応する能動的な発想が弱くなり、守られる立場の意識が強くなっています。

その後の六月八日の新聞に、各都道府県の災害に対応する備蓄が、一日から三日分でしかなく不足している、という警告が掲載されていました。同じ日の紙面に、六日間も水だけ飲んで生きていた、七歳の男児が検査のために入院していましたが、無事に退院したことを告げる記事も掲載されていました。

僅か七歳の子どもが身をもって人間の強さを証明し、今日のひ弱な日本人の発想に警告を発してくれました。科学的文明社会に溺れかけた日本人に発想の転換を迫ったこの実証は、我々がこれからも、よりよく楽しく生きるには、本来の自然とともに生きる、守る立場の発想によって、より強くなることを提示してくれたのです。

二　日本は地域社会の集合体

私たち日本人は、〝日本〟とか〝日本人〟という言葉、日本語をよく使いますが、その意味を具体的に認識しているのでしょうか。日本とは、日本の地域社会の集合体であり、日本人とは、日本の各地域の社会人の総称なのです。ですから、日本人を育成するとは、都道府県各地方の人々を育成することです。

これまでの日本人社会を、人文科学としての民俗学や教育人類学的見地から考察すれば、これからの日本が安定、継続するに必要な、日本人育成のあり方が推察できるのではないでしょうか。

1　社会のあり方

・戦後の日本社会

第二次世界大戦後七〇年以上も過ぎた日本は、世界有数の経済大国になり、外見的には豊かで平和な、安定した素晴らしい国のようですが、内面的には、アメリカによる被植民地時代と憲法や内政のあり方があまり変わっていないし、生活文化の混乱で、不安定な状態になりかけています。

今日、憲法の改正がかまびすしく叫ばれていますが、独立国として安定、継続するための社会のあり方については、あまり議論されてはいないのです。

日本は、統合機関としての天皇が在位する、千数百年もの歴史のある古い全体主義の国で、世界的にあまり例のない道徳心の篤い信頼社会でした。しかし、建国以来移民によって成り立っている、多民族、多文化のアメリカは、個人主義の国で、法律によって人為的に統制された不信社会です。

戦後の日本は、社会のあらゆることをアメリカ化することに邁進し、日本国独自の社会的あり方をあまり重視してきませんでした。日本の多くの学者はアメリカ的理論を信奉し、それをそのまま日本に適用させることが正しいあり方だと主張しがちで、日本の文化的特徴をよりよく発展させる理論を構築するための努力や工夫を怠りがちでした。そんなこともあって、日本は半世紀以上もアメリカ化が進行し、社会的には不安定な状態で、これまでの日本が体験してこなかった、基本的な生活文化の革命的変化期に入っています。

・発展した豊かな社会

世界で唯一とも言えた信頼社会の日本は、今や国際的経済活動によるグローバル化のために、社会のあり方よりも先に、憲法を改正することやバブル経済的な経済力復興に思いをはせていますが、私たちにとって大事なことは、お互いに信頼して安心、安全によりよく、楽しく生きられることです。

世界の人々が認めている発展した豊かな文明国日本に住む、私たち日本人は、単純にアメリカ化するのではなく、世界に誇れる日本の独自性を生かした、信頼社会としてのよりよいあり方を皆で考える時が来ています。

現代の科学、技術はめまぐるしく変化し、発展を遂げていますが、人間には変わりがたい部分と変わりやすい部分があります。大人はこれらの調和を図ることができますが、少年期の子どもにはまだ十分に対応する力はないのです。少年教育の大きな問題は、科学、技術が作り出す変化の激しい結果的社会現象と、変われない子どもの本質との調和です。大人は、子どもが調和できるように、知恵や力を貸してやるのが社会的役目なのです。しかし、科学技術の発展した、豊かで平和な日本が、これからどのような社会をめざしているのか、社会のあり方が大きな課題なのです。

・社会のとらえ方

私たちは、社会生活においていつの時代にも次の四つのとらえ方、変えてはいけないこと、変わらないであろうこと、変わるであろうこと、変えなくてはならないことで、社会を認識することが必要です。

私たちが生きる目的は、よりよく逞しく生きることであり、いつ、いかなる時代にも社会生活にとっては変わりません。テレビやインターネット、スマートホン、その他電化製品などの文明的諸器具によって生活の仕方は変化しますが、文明化や経済活動は生活をより便宜的にする手段であって、生きる目的ではないのです。時代の流れとともに変化する合理化や機械化は、生きる手段であり、目的化すべきことではないので、いつの時代にも変わらない主体は人間です。

社会には常に変化する面と変化しにくい面がありますので、人間中心の社会のあり方を分類しますと、変化しやすい発展的（文明的）あり方と、変化しにくい安定・継続的（文化的）あり方があります。

社会のあり方を変えなくてはならない、変わるであろう立場でとらえることは、人類がこれまでの右肩上がりの文明的発展を促してきた、進歩の過程に必要なことでした。明治維新以後の日本は、先進国と言われた欧米諸国に追いつけ、追い越せの理念に従って文明的に発展的あり方を推進してきました。特に戦後の日本では伝統文化を否定し、アメリカを見本としてすべてが変化する方向で社会が営まれてきました。そのため、今日の日本人にとっては、すべてが変わるであろう発展的あり方が一般的であり、学校教育はその手段にもなっています。

変えなければならないことは技術です。たとえば携帯電話やスマホ、パソコンなどのＩＴ技術は、日進月歩で進化しています。そして、変わるであろうことは、知識、情報、法律などです。法律は時の権力が決めますので、社会的な絶対善とは言えないのです。

社会生活に必要なもので、変えてはいけないこと、変わらないであろうことは、社会の安定・継続になくてはならない文化的あり方で、より多くの人に共通する心得であり、ごく当たり前のことです。それはまた、道徳心や信頼心とか習慣、常識などと呼ばれる日常生活の知恵であり、自然とともに生きる社会人の基本的能力を意味することで、社会に共通する生活文化でもあるのです。地域社会の安定にとって最も重要なことは、この生活文化の共有なのです。

このような観点から考えますと、社会にとって変わらないであろうことは、生き抜くことと道徳心であり、変えてはいけないことは、よりよく生きることと信頼心です。

・社会に必要な信頼心

いつの時代にも、この変わらないであろう社会人の基本的能力を少年たちに伝え、危機管理能力を高めることが、地域社会における後継者育成事業の目的でした。しかし、今日のように、あまりにも変化の激しい社会現象の中では、本来の目的を忘れがちになって、手段であるはずの限定期間の擬制社会である、学校教育における知識教育だけを目的化し、受験や就職などの身近な目標の学力重視になりがちなのです。

今日の少年たちが教育を受ける学校は、九年から長くても一六年間ですが、人生は七〇～九〇年も続き、大変長いのです。しかも、これからどのように国際化しても日本人の八〇～九〇パーセントは、日本国内に住み続けるでしょう。ここでいう国際化とは、世界が一つの国になることではなく、独立した各国が連合することなので、日本に住む我々の生活現場でまず必要なのは、自立心や人間力を高める信頼心です。日本は、このような信頼心を共有する地域社会から成り立っているのです。

これからの国際化する科学的文明社会における各国が、安定・継続に必要な知恵は、より多くの国民が、生活文化を共有して信頼心による道徳心を培うことです。

2 日本古来の母系的社会

・古来の稲作農耕民

日本では、奈良、平安の時代から米や麦、粟、黍、豆などの五穀が食べられてきましたが、古くから米を頂点とする文化体系が組まれ、七世紀末に大和朝廷としての日本が建国されて以来、税としての米や貨幣米として国家に管理されてもいました。

今から僅か半世紀前までの日本の中心的産業は、稲作農業でした。稲という植物を栽培することによって生計を立てる稲作農耕民たちは、古くから定住し、自然の時の流れに従って大地とともに生活していました。

稲は単なる農作物ではなく、生きる喜びや悲しみ、恐れや希望、季節感や古里感などをも与えてくれました。そして、稲作の共通した生産労働などを通じて生活共同体としての村を維持するために、価値観を共有する特質をもち、労働力を分ち合う〝結い制度〟などによって、先祖代々知り合った信頼心の強い、同族的な信頼社会を形成するに大きな役目を果たしてきたのです。

日本人は集団で定住し、先祖代々協力し合って生活してきましたので、共通の言葉、価値観や道徳心、風習などによって、暗黙の了解の中に社会〝世間〟が営まれていました。そのため、見知らぬよそ者を認めにくい排他的な一面もありました。しかし、それは日本的な社会現象ではなく、地球上のどこにでもある人類古来変わることのない、集団的防衛手段でもあったのです。

・母系的社会の女と男

文化的な社会を営む人類のメスである女性と、オスである男性というのは、社会的動物用語であり、少女、娘、女や少年、青年、男という言葉は動物的社会用語なのです。そして、母や父という言葉は、文化的社会用語なのですが、一般的にはあまり認識されていません。

しかし、こうした動物的な女と男が、文化的な母親と父親になる過程において、大きな違いがあることは古くから知られていました。

世の知恵者たちは、男の子に「お前は男だ、お前は強いんだ」の倫理を教え伝えることの必要性を知っていたのです。さもないと、男はなかなか父親になろうとしない本性があるからです。

オスの本性を包み隠し、よりよい社会人になってもらうために、母親が中心に行ってきた家庭教育の一部が「しつけ」になり、地域社会における祭りや年中行事、その他冠婚葬祭などの儀式を通じて、父親たちが中心になって行ったのが、後継者づくりとしての社会人準備教育であったのです。

日本は、鎌倉、室町時代から武士階級が胎動するとともに、社会的にも人間的にもしっかりした男が求められ、徐々に男を前面に押し上げる、父系的社会が作りあげられました。

子どもを産み育てることのできる女は、放置されても自然に母親になり、社会性を培うことができる動物的特性をもっていますので、社会的に安心、安全感があり、家庭内の切り盛りは、武家社会においても母親でした。しかし、男は放置されると孤立したり、放浪しがちで、文化的父親にはなりにくい動物的特質をもっています。そのため、古代からの社会人準備教育は、オスである男の子に対して行われる傾向が強かったのです。

もともと母親が中心に行っていた家庭教育における「しつけ」は、女性たちが田圃に稲の苗を正常に植え付ける「仕付」からきた言葉で、稲作文化の一つでもある日本古来の教育用語なのです。

・安定・継続に必要な知恵

社会が安定・継続するには知恵者が必要ですし、進歩、発展するためには知識者が必要なことはよく知られていることです。

ここでの知恵とは、国語辞典によりますと、物事の道理がよくわかり、判断・処理がうまくできる能力とか、物事の理を悟り、適切に処理する能力のこととなっています。とすると、知恵者とは、物事の道理がよくわかり、判断・処理がうまくできる人ということになります。

自然や社会環境の中で、いろいろな諸現象を見て、さっと本質を見抜ける現場に強い応用力が知恵で、その知恵をより多くもっている人が知恵者であり、文化人ということになります。その反対に、座学的な知識、情報、技術を身につけている人は知識人であり、文明人ということになります。

日進月歩の文明の利器に頼りがちな文明人は、時間と情報に追われて落ち着く暇がなく、安心、安全を感じることが少なく、不安と不満が多くなりがちです。

いずれにしても、実社会に必要な生活文化は、座学としての理屈によるものではなく、生きる現場で体験的に培われる生活の知恵なのです。とすると、母親中心の母系的社会の生活文化を礎とする、日本の定住稲作農耕民的父系社会は、生物的に強い女性と弱い男性が、安定した社会を継続させる知恵として生み出された、社会形態とも言えるのです。

いつの時代にも母親の願いは、男の子をしっかりしつけ、社会的、人間的により強い男にして、家庭生活を安定・継続させてもらうことです。

特に、一四世紀頃から始まった武家社会では、戦闘能力のある肉体的に強い男が重視されましたので、作為的に男中心の父系的社会になったのですが、家庭を支えて家族の絆を保っていたのは、女である母親であったのです。

日本は、そうした父系的社会が長く続いてきましたが、第二次世界大戦以後は、アメリカ的男女平等社会になり、女性の社会的立場が強くなりました。そのため、社会の安定・継続に必要な知恵よりも、進歩、発展に必要な知識が重視されるようになりましたので、戦後の民主教育を受けた女性は、かつての母親のような知恵や人間的強さがなくなったのです

・女中心の信頼社会

日本的な社会とは、共通性のある個人が信頼によって、または規約の下に集い合っている状態のこ

とですが、欧米のような不信社会は、個人の立場で約束事によって成り立っている社会のことで、法律や契約、神、金銭などを介して維持されています。日本のような単一民族的な統合された安定した信頼社会は、道徳心や信頼心、伝統、風習などの生活文化の共有によって維持されているのです。

日本は、世界で最も発展した信頼社会であったのですが、第二次世界大戦以後は、敗戦という結果的社会現象によって、大人たちが文化的自信を失って、次世代の子どもたちへの伝承がされず、欧米化が進み、半世紀以上も過ぎた今ではアメリカナイズされた不信社会へと変わりつつあります。

人類にとって、不信社会と信頼社会のどちらの社会形態がよいとはまだ断言はできませんが、日本国に住む日本人にとっては、今もまだ道徳心の篤い信頼社会の方が安心できるし、居心地がよいように思われます。

人間社会のあり方は、単純ではなくいろいろあって面白いのです。たとえば、男女の区別が比較的はっきりしていた日本は、父系的社会で男を立てる亭主関白のようでしたが、実際にはかかあ天下の家庭が多く、男は無口で不愛想でしたが、心から妻を信頼していたし、本当は愛していたのです。ところが、男女の区別が比較的弱く、女性尊重のような欧米では、レディーファーストなどと言って、男が女を大事に扱って守るのかといえば、必ずしもそうではないのです。どちらかといえば、男女関係が希薄で、虚飾的であり、多情でもありますので、結婚後は日本よりも一体感が弱く、永続的ではないのです。むしろ不安で、絶えず言葉や態度で愛情を示そうとするし、せざるを得ない心理状態なのです。しかも、男の方が積極的、形式的に表現するのですが、態度や言葉に反して誠意は薄いのです。しかし、今日の若い世代の日本人も、欧米的になりかけています。

いずれの社会的特徴も、自然環境がなせる技で、長い人類史の過程の中で自然に培われたものですが、稲作農耕民はよく働く女性中心的に、牧畜民はよく動き回る男性中心的に培われたのです。ただし、その生活文化を守り伝えたのは、子どもを産み、育てた母親である女なのです。

特に、稲草の実である米を中心に生活文化が培われた稲作農耕民社会では、女である母親中心的な信頼社会が営まれたのです。その女である母親たちが、男の子を社会的、生物的に強くなるように育てようとしたのは、自然とともに生きる稲作農耕民としての安定した、信頼社会の継続を願ったからです。

3 稲作農耕民にとっての天皇と大嘗祭

・稲作による生活文化

稲は多年草ですが、毎年定期的に苗を植えては刈り取りますので、日本人にとって最も身近にある植物であったのです。そして、稲作農業の生産過程の風景や仕事から、巡りめく季節感や年中行事、祭りなどが発生し、今日もまだ続けられています。

米は稲草の実ですが、稲のような一つの栽培植物によって、一，〇〇〇年以上もの長い間、民族がほぼ統一されてきた民族国家は、日本以外にはないのです。極論すれば、稲が日本人の生活文化を豊かにし、日本人たらしめてきたとも言えます。

その稲による日本人の生活文化のなりたちや、日本人と稲とのかかわりなどによって支え続けられてきたのが、〝天皇〟と呼ばれる、日本民族統合機関なのです。

・祖霊信仰と天皇

古来の稲作農耕民たちは、「人は死ねばごみ（土）になる」という唯物論的な考えではなく、神にもなり得るという唯心論的な考えを培って、人生五〇年と言われた古代から、六〇年以上も生きた長寿の親が亡くなった後、子孫は、その生命力と徳を慕い、あやかろうとしたのです。

特に、稲を栽培する際の天災や病害虫、水不足などの悩み、苦しみに耐えがたいとき、子孫たちは、生命力の強かった先祖霊を呼び、助けを求めたのです。

日本では祖霊を祀る行事を「先祖祭」と呼んでいます。その最も一般的なのが、年に二回行われる正月と盆の祖霊祭です。古来の稲作農耕民は、こうした生命力の強かった、霊力があると思われる祖霊を、いつしか〝神〟と崇めるようになり、祖霊信仰という社会形態が組織化されたのです。

神の発生にはいろいろありますが、我々が困った時、人が自身を超越するもの、不可知なものの存在に気づくこと、人を取り巻く自然現象などに始まるとされています。そして日本では、我々共同体の始原者、主宰者または保護者であるものを、神と考えることがあります。その考え方の延長が、日本民族の始祖であるとされていますす天照大神であり、その流れをくむとされていますのが天皇だと考えられているのです。その一例として、日本の隆盛を果たした明治天皇を祀る、明治神宮があります。

・天皇即位と大嘗祭

祖霊信仰の考え方では、先祖の霊は不滅の存在であり、その一部が人や物に宿っている間は、その物や人に生命があると思われていました。

日本の天皇は、欧米の王や司祭者と違って、政治的権力者の立場だけではなく、先祖霊の依り代であり、日本古来の土俗的な民間信仰である神道による、天照大神への尊崇を中心とする、民族的象徴であり、親のような存在であったのです。

神道における天照大神は、皇室の祖神と仰がれ、伊勢神宮のご神体になっています。だから、天皇としての人間は亡くなりますが、民族統合機関としての依り代である天皇は、死ぬことなく遺伝子のように継続し続けるのです。そして、天皇に即位する人が代われば時世も変わるのです。

天皇が即位後、初めて行う新嘗祭（新穀―米―を食べる祭り）を〝大嘗祭〟と呼ぶのです。これは、天皇に即位するために欠かすことのできない天神・地祇と新穀を共食する儀式なのです。

大嘗祭は、あらかじめ吉凶を占って選ばれた水田（古代日本の中心であった奈良や京都から東の悠紀田、西の主基田）で稲を栽培させ、神饌のための米を奉納させて行われました。

一人の人間が天皇に即位するために欠かすことのできなかった大嘗祭は、稲作農耕民にとっては、先祖神としての新しい天皇を迎える祭礼であり、氏子としての務めを果たす象徴的儀礼でもあったのです。

・日本を家族化した大嘗祭

大嘗祭が始まったのは、紀元六七三年に即位した第四〇代の天武天皇の時代で、その次の第四一代の持統天皇によって確立されたとされています。しかし、その後武士階級の胎動によってうやむやになった時もあったようですが、これまでに歴代の天皇が即位するたびに大嘗祭が行われ続けてきたのです（これまでに大嘗祭をしなかったのは、第八五代の仲恭天皇一人とされています）。

新しい天皇が即位するための大嘗祭に、東西の二か所から米を奉納した地域は、天皇とは家族関係というより、天皇の子、赤子、氏子となることが暗黙のうちに了承されていたようです。

平成の今上天皇は、第一二五代目なので、八〇数代の天皇が大嘗祭をしたことになります。その度に東西の二か所から米が奉納されましたので、単純に計算しても百六〇か所以上の地域が、天皇の子、氏子になっていますので、日本国のほぼ全域が、形式的には天皇を親とする家族のようになっているのです。どんな知恵者が考案したのか、大嘗祭は世界に例のない、稲作の米文化を通じて民族統合を促す、悠久の戦略的制度なのです。

稲作農耕民にとって最も大事なものは種もみです。その種もみをいかなる災害からも守り、絶えず保持していなければならないのが天皇です。その役目を果たすため、今も毎年春になると田植えをしている天皇は、稲作農耕民にとっては親であり、先祖であり、祖霊神としての神でもあるのです。

そうした祖霊崇拝の考え方である土俗的信仰が、機械類をはじめ多くのものを大量生産する工業化した科学的文明社会になった、今日の日本国に住む多くの人々の心の底にも、たとえアメリカナイズされて個人化が進んだとしても、まだ遺伝子（ＤＮＡ）のごとくかすかに潜んでいるのです。

４ 個人化より先に社会化

・少年期に必要な集団活動

〝少年〟とか〝青年〟または〝青少年〟という言葉はよく使われますが、その具体的な年齢はあまり明記されていません。辞書を引きますと、「少年とは年若い人、心身の完成の期に達していない男女」とあります。心身の完成の期に達していない男女のことを少年としていますので、ここでは少女をも含めた日本語とします。

いずれにしましても、人間の心身の発達段階や社会化、文化化、その他もろもろの条件を考慮するに、現代社会においても一二歳未満を少年とするには、あまりにも短絡的になりすぎるし、満一八歳までとするのは肉体的にも精神的にも配慮不足なのではないかと思われます。

心理学者によりますと、人間は生まれてから二歳頃までは、間違ったとか、失敗したという感情はなく、もう一度やり直してみようとすることはしないが、五歳頃になると自分の行動の良し悪しを考えて反省し、失敗の経験を次の行動に生かす学習行動を思考錯誤するようになるそうです。

私たちの神経の発達は、心の発達と大きくかかわっているのですが、神経は五歳頃から発達が活発になり、平均すると九歳がピークになり、一四、五歳にはほぼ終わるとされています。だから、六歳頃から一五歳頃までに身につけた精神的能力が、価値観や生活態度など、社会的能力の基礎になると言われています。

そこで、ここでは社会の後継者育成を目的とする社会人準備教育の観点から考慮して、小学一年生頃の六歳から、中学三年生頃の一五歳頃までを少年または少年期とします。

人間は、少年期の社会的刺激によって脳の働きが変わり、その影響は大小にかかわらず一生続くそうですので、最も重要な発達期に見習い体験や集団活動の機会と場が少ない環境要因では、孤独で利己的な非社会化を促す原因になりがちなのです。

心身の完成期に達していない少年期には、これから社会人になる準備教育として、〝仕事と生活〟に関する知識や技能の習得が重要で、野外で二人以上が群れ遊ぶことが必要です。

ここでの少年期とは、六〜一五歳くらいまでの年齢を指しますが、少年期は心身の発達が著しいので、六〜一〇歳の前半期と、一一〜一五歳の後半期に分けて対応することが重要なのです。

子どもは五〜六歳になりますと、親から離れて同年輩の仲間たちと集団活動をしがちになります。そして、少年期前半の群れ遊ぶ素朴な集団活動において、自己主張からけんかや競争、そして協力、協調や言語などを通じて社会生活に必要な基礎的な帰属化や勘、規則、競争、義務などを体験的に学ぶのです。

その後、一二、三歳になれば他を見習ったり自己反省や学習によって、自分は何者なのかを思考し始めます。そして少年期後半には、自我の覚醒によって守られる立場の個人化に必要な自由、平等、権利などを習得し、社会化に必要な心がけや身体的能力を身につけ、心身の成長を促します。

私たちの多くは、少年期に自ら気づくことはありませんが、このような集団的体験活動の機会と場によって、自然に対人関係や言葉遣い、習慣的活動などの能力を高めて、社会生活に必要なこと、生活文化を身につけながら成長するのです。

・まずは動物的社会化

人生の基礎が培われる少年期は、六～一五歳くらいまでですが、前半の六歳から一〇歳くらいまでの子どもは、自然に仲間を求めて群れ遊ぶようになります。そして、仲間同士で集まっている安心感や存在感、居場所などの心理作用による集団化によって、規則、競争、義務などの必要性を体験的に学ぶのです。

大人になるための通過儀礼的な動物的集団化は、子どもたちに仲間外れになることを恐れさせ、一人ぼっちにならないように用心深く同調する知恵による、帰属意識を高めさせます。

動物的子どもは、帰属化によって仲間意識が高まり、他を思いやる心や助け合い、協力、協調、親切心などの、守る立場の文化的な社会化が芽生えるのです。

いつの時代にも、少年期前半にまずしなければならないことは、動物的な群れなす集団活動により、帰属意識を高めて、個人化する前に社会化を促すことです。

これらを言葉や文字、視聴覚機器などによって身につけさせることは困難です。しかし、他とともに群れ遊んだり、自然や生活体験などをしたり、協力や励まし合いなどの集団活動によって、自然に身につけられるのです。

こうした体験活動の機会と場が少ないまま少年期を過ごした人は、心身の基礎、基本が十分に培われていないので、知識や技能はあっても、利己的になって情緒不安定で、社会性や人間性に欠ける傾向が強く、対人関係や会話がうまくできず、自分勝手で孤独がちになると言われています。

平成二八年度、国立青少年教育振興機構が実施した、二〇代、三〇代男女四，〇〇〇人のアンケート調査の結果報告によりますと、小学生の子ども時代に、かくれんぼうや缶けりなどの友達との遊びが多かった人ほど、「結婚したい」「子どもは欲しい」と答えた人が多かったそうです。

・文化的個人化としての個性

少年期前半に群れ遊んで社会化した子どもが、少年期後半の一一歳から一五歳頃までの学習によって、〝自分とは何者なのか？〟を考え悩むようになり、自我の覚醒によって独立心が芽生えてくるのです。そして、社会における自他の違いに気づき、自由、平等、権利などの人権に目覚めて、社会的に守られるべき立場を意識することによって、唯我独尊的に個人化します。

社会は、ある種の儀礼や形式を守ることについての同意がなければ、共同体としての共存は成立しません。私たちは、知識、技能の習得や競争をするだけでは、社会人に必要な社会化としての生活文化を身につけることはできません。知識や技能はそれをうまく活用、応用して、集団の中で役立つことの特性、力としての個性にすることが大事なのです。

私たちの個性は、作ろうとしてもなかなか作れるものではないのですが、いざという時に自分で考えて行動することによって培われるものです。

ここで言う個性は、予定や計画通りにならないときに対応する力、応用力のことでもあります。しかし、まず社会化されていないと、文化的個人化としての個性はうまく育まれません。

今よく話題になるのは、憲法一三条「すべての国民は、個人として尊重される」とある〝個人〟を、〝人〟に修正しようとしていることです。それは、〝個人〟と〝人〟とは文化的に大きな違いがあるからです。

私は、長く世界の諸民族を踏査してきましたが、多民族、多文化社会での人は、やむを得ず個人化しがちで、社会は情勢が定まらず不安定でした。やはり、社会が安定、継続するには、生活文化を共有する〝人〟、社会人が必要なのです。かつての欧米を中心とした植民地政策の特徴は、被植民地国の人々を〝個人〟にすることでした。人々が個人化した社会は不安定になり、支配しやすくなるからです。

・好き、心地よい感情と愛

私たちは、文字や言葉、視聴覚機器などで、心を培うことや教えることはなかなかできません。かえって知識や技能が豊かになればなるほど利己的、刹那的になり、信頼や愛の心情よりも不信感に駆られがちになるのです。

社会人としての人間力の要素は、言葉、道徳心、愛、情緒・情操の心、風習などの生活文化や精神力、体力などですが、これらの大半は幼少年期の家庭や地域社会による、異年齢の集団活動によって培われます。

人は、幼少年時代に誰かとともにいたい、遊びたい、一緒にいると楽しいなどの体験をし、〝好きや心地よい感情〟が培われていないと、成人後に愛する、尽くす、協力する心情を育むことは大変難しいのです。好きとか信頼する愛の心情は、絵に描いた餅ではなく、日々口にしているご飯やみそ汁、たくあんなどのようなものです。

心というのは精神的な心理作用のことですが、信頼心とは、誰かの傍にいると安心、幸福、満足な気持ちになれることで、それが恒常的かつ相互的になれば〝絆〟になるのです。

ここで言う愛とは、誰かと一緒にいたい、一緒に遊びたい、一緒にいると楽しいとか心地よいという素朴な気持ちで、他人を大切に思う思いやりの心情です。この愛の心情が身についていない利己的な人は、簡単に人を裏切ったり離婚しがちです。

・日本人としての社会化

本来、利己的な動物としての人間は、生後の模倣と訓練によって、社会性や人間性豊かな社会化が促されるのです。

社会が安定、継続するには、より多くの人が家族的信頼心によって、できるだけ同じ方に向いて協力し合うことが必要ですが、今日の日本は、家族が崩壊し、個人化していますので、家族的社会化を知らず、皆が自分の都合によって別々の方に向いています。そのため、日本人の社会意識が弱く、個人化がどんどん進み、金銭的な価値観による格差が生じ、貧困率が高くなっています。しかも、自殺率が世界で最も高くなっているのです。その主な原因は、少年期前半の群れ遊ぶ集団活動の体験が少なく、安全、安心感が得られず、心のよりどころをなくした利己的で、孤独な人が多くなったことによるものです。

私たち日本人は、少年期前半の群れ遊ぶ集団活動によって仲間意識が芽生え、日本語をよく話し、他を思いやる心や助け合い、協力、協調、親切心などの守る立場の社会化が促されていないと、対人関係がうまく保てないし、利己的になってよりよい日本人にはなれないのです。

5　少年期の予防対応

・少年教育は予防対応

日本のように国体が一，○○○年以上も続いて統合された、しかも安定した信頼社会では、家族的な絆や信頼心が強いので、何かが起こる前の予防対応が重視されますが、民族戦争や移住、移動などの絶えなかった欧米や中国大陸などのような多民族、多文化の不信社会では、共通性が少なく、絆や信頼心が弱いので、予防的対応がとりにくく、起こった結果に対応しがちなのです。

人間本来の教育とは、人間性を豊かに培って、生活と労働の準備をさせることであり、社会生活を楽しく元気に過ごせる社会人を育成することです。

その方法として、日本では古くから見習い体験的学習活動や自己鍛錬などがありました。ここでの「自己鍛錬」とは、日本の人間教育的用語で、心身を鍛錬して人間性を豊かに培い、自分自身を高めることです。このような生活文化は、欧米のキリスト教文化圏ではあまり重視されていない、日本の特徴的文化でもあります。

社会人準備教育としての少年教育の基本は、いつでもどこでも予防対応が重要で、不信社会でとりがちな、社会的無責任が作り出す結果対応になってはいけないのです。

・守る立場と守られる立場

万民共通して利己的欲望が強いのですが、日常的には誰もが安心、安全を望んでいます。社会が安定、継続して安心、安全を保つには、より多くの人が言葉、風習、道徳心、生活力などの生活文化を共有する、類似化、画一化が必要なのです。

日本人の多くがよく口にする、国際化にとって最も重要なことは、自国の安定、継続なのです。当たり前のことですが、自国のない国際化はありません。

今日の日本は、政、財、官、学界など、すべてにおいて不祥事が多発しています。社会は責任感の強い守る立場の人が多いと、安定、継続し、責任感の弱い守られる立場の人が多いと、社会は不安定になり、不祥事や事故、犯罪が多発しがちになるのです。

日本の明治以後の教育は、社会意識の強い守る立場の人を育成することを目標としていましたが、戦後のアメリカ的民主教育は、個人性の強い守られる立場の人を育成しがちでした。

戦後の荒廃した日本をより早く復興させ、豊かな安定した国を築いたのは、社会意識による責任感のある、守る立場の意識の強い日本人、ここで言う戦前生まれの旧日本人でした。しかし、アメリカ並みに不信と不安が充満しかけている、今日の脆弱な日本国を形成しているのは、社会意識が弱く、利己的で守られる立場の日本人、すなわち戦後に生まれた新日本人です。

私は、一九六八（昭和四三）年から今日まで、五〇年近くも日本社会が安定、継続することを願って、青少年の健全育成活動に携わってきました。当時一〇代であった子どもは、すでに四〇代、五〇代の大人になっており、親になっています。

彼らは、戦後の日本政府が行ってきた、守られる側の青少年育成施策によって教育されてきた、具体的な見本です。もし、彼らがよりよい社会人になっているならば、戦後の教育施策は正しかったことになります。しかし、その世代の子である、現在の青少年にさまざまな社会的、人間的問題が起こっている事実からすると、すべてが良策であったとは言えないようです。

これからの国際化する科学的文明社会に対応するには、守られる側の個人尊重的施策だけではなく、社会を守り、安定、継続させるに必要な、守る立場の社会意識を向上させる施策も必要なのです。

・子どもらしさはいじめになりがち

人間が社会的動物である限り、諍いや不和は起こり得るものです。ましてや文化的に未熟な子どもの世界では、いじめやけんか、そして非行などは起こり得ることです。だからこそ、学校でも、地域社会でも、家庭でも、それらを未然に防いで、よりよい元気な社会人を育成する、予防対応として大人が必要なのです。

未熟な少年期前半の子どもは、動物的本能に従って利己的になり、集団の中ではどうしても誤解や不安、不信による不快感から、いじめやけんか、競争心が煽られ、さもなければ逃避しがちになります。それに、未熟ゆえの同調しがたい反抗心から非行に走りやすくなるのです。

しかし、こうした子どもの心理状態のままで大人になりますと、よりよく安全で平和な、安定した社会生活を営むことができませんので、予防的に協力、協調や利他的な心を培い育む、仕掛が必要なのです。

一般的には、少年期の子どもの単純ないじめやけんか、非行などは、よりよい社会人になるための登竜門でもありますので、それらの体験をせずに成長しますと、守られる立場のひ弱な人間になりがちなのです。そのせいでしょうか、今日の日本には、精神的には少年少女のまま大人になっている人が多くなっています。

今盛んに叫ばれていることは、「いじめをなくしよう」ですが、いつの時代にも動物的な子どもの世界から、いじめやけんか、競争心などのような現象を完全になくすことはできないことです。むしろ、逞しく成長する過程には起こり得ることでもあります。だからこそ、それが過度にならないように大人や年長者が傍にいたり、学校のクラスごとに担任教師がいて、事あるごとに注意したり、善し悪しの判断を促すことが必要なのです。しかし、小学一年生から自主性、主体性、積極性、個性などを理想とするあまり、親も教師も社会人としての役目、責任が果たせなくなっています。

今日のように情報文明の発達した複雑な社会では、子どもの世界も様変わりして、いじめやけんかもいろいろな様相を呈して、暴力や犯罪、自死などを併発する社会問題となり、ついに「いじめ防止対策推進法」なる法律までできました。ということは、親や教師が、社会的役目を十分に果たしてはいなかったことになるのです。

しかも、子ども社会に理解力の乏しい、無責任な今日の大人が、形式的にいじめは絶対悪だと叫び、無菌状態のひ弱な社会人・日本人を養成しているのではないでしょうか。

今、私たち日本人がなすべきことは、日本人としての自己認識を高めて、社会の安定と継続を図るために、少年期の子どもたちに、日本人の価値観や生き方、食文化、風習など、生活様式の座標軸を教え、示し、公共性をしっかり身につけ、逞しく生き抜く力を身につけさせることです。

6　地域文化の伝承と青年活動

・地域の土俗的行事と青年

人間が文化を蓄積する手段は、模倣や言語、教育によりますので、日常生活に必要な生活文化は、幼少年期の体験や見習い、模倣などによって強く影響を受けます。

地域社会に伝承される生活文化は、少々の変異はあっても、世代を超えて継承される、日常的な生活習慣であり、価値観のことです。ここでの日本人とは、そうした地域社会の生活文化を継承する人のことです。

私たちの恥や罪悪感は、共通の言葉、価値観、風習などの生活文化を共有しないことには、自分の言行動が他者にどう影響するかなどに気づかず、何事も馬耳東風のように聞き流して、社会的な意味をなさないのです。

地域社会の生活文化の伝承は、子どもから老人までの異年齢集団による共同体験によってなされるもので、言葉や文字だけではなかなかうまく伝承されないのです。

世界のどこの部族、民族にもそれぞれの祭りや年中行事があります。それは宗教と強くかかわっていることもありますが、そうではなく、自然環境に順応する手段として培われた、土俗的な集団行事の場合もあります。

日本の祭りや年中行事は、摩訶不思議な自然現象を魔物、神の力によるものと考えてきた、日本人の知恵である生活文化を共有し、協力、協調、共通意識を促して、活性化を図る手段としての、土俗的行事であったのです

日本の土俗的信仰としての神道は、経典をもたず、八百万（やおよろず）の神々がいるとされていますので、キリスト教やイスラム教、ユダヤ教などのような一神教のように強い固定観念のある宗教ではなく、自然の万物や先祖霊などを神として崇拝する、多様性や包容力のある、大変柔軟性のある土俗的な考え方なのです。

ところが、第二次世界大戦後に日本を支配した、キリスト教文化的なアメリカを中心とする連合軍は、日本の祭りや年中行事を国家的神道の宗教的行事として、抑制する政策をとったのです。そのため、宗教教育を禁じた憲法や教育基本法などによって、学校教育は、子どもたちが祭りや年中行事に参加することを抑制したのです。

日本の地域の後継者を育成するのに最も有効な青少年教育の機会と場であった、祭りや年中行事が、戦後半世紀以上も抑制され続けてきた日本は、生活文化の伝承が阻害されて、地域社会が衰退し、心の故郷を失い、よりどころをもてない孤独で利己的な人が多くなったのです。

日本は、武家社会が始まる鎌倉時代から、各地域の若者が同宿する泊まり屋や若衆宿のような、青年の社会的活動が胎動し始め、世界で最も古いと思われる社会教育的な、組織化が進みました。

・青年期の集団活動

日本は古くから自然崇拝を中心とする神道と稲作文化によって、天皇という社会的な権威機関が存在して、統合がなされていたため、日本国の存続を疑う者はなく、何となく互恵的信頼社会が続いてきました。

世界の多くの国、地方には、少年期、青年期、壮年期などの社会的区別がはっきりしていませんでしたが、日本は古くから比較的社会が統合されていましたので、人間の社会的発達段階としての少年期、青年期、壮年期、老年期などが確立されていました。とくに青年期は、社会の安定、継続に貢献する役目が強く促され、社会活動の中心的役割を果たすようになっていたのです。

青年期の若者が行う、社会的な集団活動には、必ず〝静〟と〝動〟がありました。〝静〟は、子どもから老人までの全員が参加して、ともに行動する共同作業の場で、地域社会の生活文化伝承に役立ってきました。〝動〟は、若者だけが集団的、情熱的に行動する、競争や戦闘のような激しさがありました。

たとえば、日本の各地方に見られる神輿の対立や山車引き、御柱、裸の活動や裸祭り、競馬などがありました。これらの集団活動は、命の危険を顧みず、激しく競い合うことによる、団結と調和などの共通意識を図る行事で、一種の模擬戦争であり、訓練であったのです。

若者たちは、このような静と動の集団活動によって、より強健な心身を培うとともに社会化が促され、地域を守る社会意識を強め、社会の活性化と安定を図る役目を果たしてきたのです。

7　地域の社会人が日本人

・地域社会に所属する学校

日本は古くから社会が統合されていましたので、戦後の復興が、世界の人々が驚くほど早かったのです。それは、アメリカの援助があったこともありますが、何より、明治時代からの教育振興や殖産興業、富国強兵政策などによって、社会の基盤が確立されていたし、国民の社会意識が強く、生活文化が共有されていたからでもあったのです。そのことは、多民族、多文化の不安定な不信社会に暮らす人々には理解しづらいことです。

戦後の日本は、アメリカなどの他国を慮って、国家的理念のない教育を続け、守る立場のよりよい社会人よりも、守られる立場の利己的な個人を育成することに重点が置かれていました。

たとえば、今日よく言われている、〝いじめをなくしよう〟とか、〝学校へ行きたくなければ図書館へ〟、〝頑張らなくてもよい〟などと、弱者になることを奨励するかのような、弱者を称賛するかのような傾向が強く、利他的で守る立場の健全な社会人を育成することには関心が弱かったのです。その傾向が、社会意識の弱い、皆で渡れば怖くない式の、無責任な日本人を多くしているのです。当たり前のことですが、青少年教育の目的は、より健全な社会人を育成することです。社会は、守られる人が二五パーセント以上になれば、いろいろなところに歪みが発生して、大衆が気づかないうちに徐々に衰退するのです。

税金によって営まれている義務教育は、本来、地域社会に所属し、地域社会の後継者である日本人を育成するのが第一目的であったのです。ところが、戦後のアメリカ的な教育政策は、学校を地域社会から切り離して独立させ、地域性の弱い新しい日本人を育成し、国際化させようとしたのです。

日本の教育政策は、地域社会の後継者を育成する本来の目的を、七〇年近くもなおざりにしてきたのです。地域社会の後継者が日本人であり、地域社会の集合体が日本であることをないがしろにしてきて、今になって、ごく当たり前の〝地域の力で学校活性化〟を提唱し始めています。

少年期を過ごした地域社会は、誰にとっても心の故郷です。成人後に日本のどこに、世界のどこに住もうが、心の支えとしての故郷があれば、よりよい社会人として明るく元気に生きられます。

今、文科省が提唱している、次世代の学校創生は、地域社会の自然環境、社会環境、伝統文化（生活文化）などを子どもたちに伝え、まずは地域社会の後継者を育成しようとする、〝学校と地域の創生〟で、やっと日本本来の義務教育に戻りかけているのです。

戦後の日本は、アメリカの理想的民主教育にのっとって、小学一年生から自主性、主体性、積極性、個性などを御旗に、社会的な義務や責任、規則などをないがしろにして、個人主義の教育に走ったのです。その教育大勢が七〇年も続いた今日の日本には、社会意識の弱い人が多く、東京都知事であったMさんのような、頭脳は優れているが、利己的で道徳心の弱い、無責任な人が多くなって、政治も経済も行政も、そして教育も混とんとしています。

このような社会的状況を発生させた大きな要因は、教育のあり方を主導してきた教育学者の多くが、社会意識が弱く、座学的な知識の世界に埋没していたことによるものです。社会とのかかわりを弱めた学校教育は、厳格さが弱くなり、規則のはっきりしない、いい加減さが強くなって、子どもたちの努力心をかきたてるようにはなっていないし、テストの点数を上げる塾のような教え方になっています。

いずれにしても、よりよく生きるための準備であり手段としての学校教育は、厳しさと規則の共通認識が必要です。さもないと、日本人は社会の基準がわらず、卒業後の社会人になってから悔やまれることになるのです。

・これからの日本人の育成

社会が安定、継続するには言葉、道徳心、生活力、風俗習慣など、生活文化の類似または共通性が必要です。義務教育としての公教育は、社会人としての基本的能力を促すための、社会人準備教育が主な役目なのです。

そのことを忘れて、一時の情に流されて、多民族社会アメリカのホームスクールのように、子どもが家庭などで個人的に知識教育されることを公認すれば、学力向上には役立っても、社会性や人間性、生活力、道徳心などを高めることは困難で、利己的になり、よりよい社会人、日本人にはなりにくいのです。

日本は本来集団主義でしたが、移民による多民族社会アメリカは、伝統的に個人主義なのです。その個人主義のアメリカが容認したホームスクールは、集団生活や自己管理能力、そして社会意識などの向上に欠けると言われています。

今日では、電車の中でも街頭でもスマホを手にする人が多く、家庭や会社、学校でもパソコンを使い、子どもはゲーム機器で遊び、単独思考や行動をしがちな生活をしています。このような社会現象は、何も日本だけではなく、世界中に起こっていることで、いまや人類は科学技術の虜になって、利己的で刹那的になっています。

人類が発明した科学技術の製品は、便利で都合がよく、楽しく時間や空間を超えることができますが、それらを維持するに必要なエネルギーと経費が嵩み、その補給に追われて、落ち着きのない生活になりがちです。

アフリカのタンザニアに住むマコンディ族に、「悪魔は、相手の足だと思い、自分の足を食っていることに気づかない」という諺があり、そのことを表現する彫刻もあります。

人類は、便利さや快楽、豊かさを求めて科学的文明社会に埋没し、知らず知らずに自分をなぶり、傷めつけているようです。子どもは、そのことに気づかず夢中になりがちですが、大人は、科学的文明社会への対応を考えて、人間らしさを失わせないようにする、義務と社会的責任があります。

今日の若い親は、社会的大人になり切れていない人が多く、その子どもは、利己的に育ち、自分勝手で、自閉的になったり、登校拒否や陰湿ないじめに陥りやすく、簡単に人を殺したり、自死するようになっています。

日本は、一，〇〇〇年以上も国体が変わらず、統合された利他的信頼社会でした。極言すれば、人類の理想に近い社会で、多くの外国人が来訪して、安心、安全を感じています。その日本が、利己的不信社会のアメリカのように、多様な教育機会を確保して、社会人準備教育でもある学校教育を受けなくてもよいとする、「多種な教育機会確保法案」を議員立法で国会に提案しようとしていますが、それこそ憲法に規定されている義務教育をないがしろにすることになります。

これからの科学的文明社会は、人間をますます孤立化し、非社会化しがちなので、新しい教育観として、義務教育における社会化の機会と場が必要なのです。

人類は、これからも国際的な科学的文明社会をいっそう追求し、発展させるでしょうが、それは私たちが安心、安全に生活するためになすべきことなのです。しかし、子どもたちに知識技能を教え、生活文化を伝えずに放置すれば、よって立つ場所と、心のよりどころを失って、安心、安全な生活を保てなくなります。とすると、これからの日本の義務教育は、学力向上の知識、技能教育だけではなく、私たちの安心、安全と、社会が安定、継続するための人間教育、日本人の育成が必要不可欠となるのです。

私たち人間は、社会的動物なので、他とともに生きる人間性や社会性を身につけることが必須条件でもあります。それには少年期に次のような体験が必要です。

泣かした泣かされた、いじめたいじめられた、笑った笑われた、会った別れた、楽しんだ悲しんだ、楽をした苦しんだ、努力した怠けた、思った思われた……。

このような感情は、二人以上の集団によって起こる社会的な心理作用です。このような感情の起伏を幼少年時代に、家庭や地域社会、そして学校などで体験することがなければ、よりよい社会人、日本人にはなれないし、利己的で孤立化しやすくなります。

人間は、幼少年期に群れ遊びなどの集団活動によって、社会化が促された後に、学習によって個人化が促されることは、古代も今も、そしてこれからも同じなので、これからの科学的文明社会に対応する義務教育としての学校教育は、子どもたちがよりよく社会化する、日本人育成の準備教育が、いっそう重要になっているのです。

三　心のＤＮＡ（遺伝子）、道徳心

日本の生活文化を民俗学や民族学的見地から教育人類学的に考察すれば、世界における日本人の心としての道徳心が、立ち込める霧の中から浮かび上がってくるのではないだろうかと思い、これまでの見識を土台にして、大まかな推察をしてみます。

1　日常的文化のあり方

・生活現場の文化と文明

人類は、有史以来巡りめく自然との触れ合いによって、いろいろな考えや複雑な感情を身につけ、さまざまな道具を作って生活をより便利にしてきました。そのような人間が自然にさまざまな手を差しのべて利用、活用してきた物心両面の成果を「文化」と「文明」という言葉で表現しています。

文化と文明という言葉はしばしば混同されるし、概念規定が難しく、語源はギリシア語で、その意味の英語やドイツ語の翻訳語だとも言われています。そのため日本にはオリジナリティーがないかのごとく考えられがちですが、何もヨーロッパ文化の発祥地とされるギリシアだけで発生したものではなく、地球上のどこにでもある自然環境とのかかわりによって発生するもので、生活をよりよくする文化は、人間の住んでいる所にはどこにでもあるものと考えた方がわかりやすいのです。

そのように考えるここでは、文献による座学的な文化を論ずるのではなく、地球上のいかなる生活の場にも必要な、生きる力であり知恵である生活文化の総体を「文化」とします。しかし、抽象的な言葉の文化は、類似する文明と対比しないとなかなか理解しがたいのです。

そこで、日本語としての文化と文明を簡単に対比してみますと、「文化」とは、あるがままの自然に順応して、よりよく生きるための知恵や考え方と感情や生き方であり、「文明」とは、人間に都合のよい環境を作るための手段や道具とそれらを扱う技術とすることができます。どちらかといえば、文化は見えないものを見る力、聞こえない音を聞く力、判断力、応用力のことで、その土地にあるところのもので独自性が強く、文明は、必要に応じて作られ、用いられる技術的なもので画一化されやすいのです。

このように考えられる文化は、社会人に必要な基本的な行動とその背景にある意識（規範）や価値観なので、社会の構成員に共通した行動や生活様式のことだとも言えます。しかも、それぞれの時代の人々によって手が加えられ、改善されながら伝承される歴史的な社会遺産でもあるのです。

・社会生活における文化人と文明人

社会人である以上、社会的あり方を当然備えていなければならないので、いかなる個人も集団的規定なくしては存在しがたいのです。だから意識するかしないかは別として、生まれ落ちた瞬間から死ぬまでずっと、私たちの行動は文化によって至る所で影響を受け、規定されています。

日本には古くから大変素晴らしい諺があります。「季節は巡り、時刻は流れる」という言葉で、『季節」、「時刻」いずれも〝とき〟と読みます。

「季節」は四季とともに巡って来る〝とき〟ですが、人間が考え出した「時刻」の概念は巡ってはこないで、ずっと流れたままです。人間が発見した「時刻」の概念は文化ですが、個人個人、または地域や自然環境の変化によって変わってきます。時刻の概念は画一的ではないですが、それを画一的にした物が時計です。私たち人類は、万民共通に時刻・時間を、確認・認識できる道具として、時計を発明しました。この道具である時計は文明であり、文明の利器です。同じように〝とき〟と発音しても、巡りくる「季節」は自然で、その概念は文化です。

私は、中央アジアの平原で、アルタイ系の牧畜民と生活をともにしたことがあります。大平原の中で牧童たちは彼方にオオカミがいると言いますが、視力には自信のあった私の目には見えませんでしたので、いないと言い張りました。そこで三〇〇ミリの望遠レンズのついたカメラで覗いたのですが見えませんでした。実際には彼らの言う通りにオオカミはいました。大変不思議に思って問いただすと、オオカミそのものは彼らにも見えていませんでした。走るオオカミが立てる土煙が見えるので、いることがわかるのだと言うのです。

彼らは、直接目に見えない物、姿の見えない動物を、ちゃんと「いる」と言い当てました。私は、姿が見えないからいないと言い張りました。しかし、よく聞いてみると、地球は球体なので、数キロ先の地平線上の小動物は見えませんが、土煙が上がるのはかすかにではありますが、私にも見えました。彼らは、その土煙の特徴によって、そこに何がいるかを判断していたのです。

私は子どもの頃から「見えないものを見、聞こえない音を聞く力をもて」と、さんざん教えられてきましたが、それが一体何を意味しているのかわかりませんでした。が、この直接は見えないオオカミの存在を知る知恵、能力こそ、自然とともに生きる洞察力、文化なのだと感じました。そして、自然の中だけではなく、現代的な文明社会でも、いろいろな諸現象を見て、さっと見抜ける現場に強い応用力が知恵で、その知恵をより多くもっている人が、本当の文化人なのだと思うようになりました。

今日の日本には、文明の利器を頼りにする文明人、すなわち座学的な知識人や技術者は多くなっていますが、現場に強い、対応能力のある文化人が少なくなっています。

・文化の二面性

私たちが自然とともに逞しく生きるには、文明よりも文化が大切です。その文化を簡単に表現しますと、自然とともに生きる能力としての知恵や、社会に共通する生活様式のことであり、社会遺産なのです。

私は、世界各国を旅しているうちに、自然を軸にした人類に共通する文化には、社会生活になくてはならない基本的な文化と、なくても生きられる感性的な文化の二面性があることに気づかされました。

まず最初に必要な基本的な文化は、自然に順応して社会生活を営む人々に共有される衣食住、衛生などに関する概念や、言葉、道徳心、挨拶、料理、食べ方、治療、遊び、規範そして掟などです。これらは、民族や地域によってのあり方はさまざまですが、必ずある普遍的文化です。

そして、もう一つは、人類に共通してあるけれども、それほど重要ではなく、民族や地域によってその現れ方が異なる文化、たとえば、音楽、文学、芸能、美術、工芸、スポーツなどです。これらを感じる心のあり方は、個人的で、民族や地域にかかわりなく、人類に共通する感性的な文化なのです。

私は、世界の諸民族を踏査しつつ青少年教育活動を続けているうちに、前者の基本的な文化を、社会の基層をなす〝基層文化〟と表現し、後者の感性的な文化を〝表層文化〟として、逞しく生きる社会の後継者を育成するには、基層文化の伝承が重要であり、必要なものであるとしたのです。

文化は、しばしば建築物にたとえられますが、基層文化は、家の屋根、柱、壁、窓、床などのような基本的なものであり、表層文化は、畳やカーペット、壁掛け、壁紙、欄間、家具、照明、カーテンなどのような装飾的なものです。

基層文化は、自然現象に順応して生きる人々の、集団から受け取る社会遺産なので、自分の属する社会の基層文化を身につけていないと、一人前の社会人になることができず、社会生活に支障をきたすことになります。そのため、基層文化は、学校教育の始まる以前の古代から、家庭や地域社会において、日常的な集団活動を通じて見習い体験的に学習したり教えられ、伝承されてきたのです。

基層文化は古代より、家庭や地域社会の教育によって伝えられていましたので、明治五年に始まった近代的な学校教育は、産業革命によって発展した欧米に追いつけ、追い越せ式の知識、技能を身につけさせるためのものであり、文化として授業に取り入れられたのは、欧米の表層文化であったのです。

・基層文化を身につける機会と場

今日の日本は、利己的な個人主義になりがちな人が多く、商業的に利用される表層文化を〝文化〟として重視する傾向が強いのですが、表層文化によって社会を長く繁栄、安定させることはできません。表層文化は基層文化あってのもので、社会の安定・継続にとって重要なのは基層文化です。その基層文化は、持続可能な社会で安心、安全を感じる心の保障には、必要不可欠なものです。しかし、今日の日本では、大義名分が薄れて個人的価値観が優先されますので、文化といえば、商業的価値のある表層文化を意味するようになっています。

我々人類は、多種多様な文化を培って今日まで生き抜いてきた、生命力の強い大変面白い愉快な動物です。そして、これからも、社会が安定・継続することを願って、子どもたちに生活者としての基層文化、すなわち生活文化をしっかり伝える努力を続ける必要があるのです。

近代的な教育をする学校は、社会が発展し、豊かになった昭和五〇年代以降、教育の社会的目標を失い、〝生きる力〟とか〝感じる心〟などと表現される基層文化をも教える必要に迫られました。そして、政府の命を受けた文部科学省によって、新しい教育観による教育人類学としての教科外活動、すなわち〝体験活動〟による人間教育が始まり、学校週五日制が導入されました。しかし、その導入された理由が国民に十分説明されなかったこともあって、学校教育現場は中途半端な放任的状態になり、成果を上げることができなかったばかりか、学力低下の要因にされてしまったのです。

多くの知恵者は、すでに気づいていることですが、学力低下の本当の要因は、幼少年時代の早くから受験用の知識偏重教育によって、社会人としての基本的能力である基層文化を身につけていないことによる、人間力低下によるものです。そのことからも、科学的文明社会に対応する新しい教育観としての教育人類学的見地、観点が必要になってきたのです。

四、五〇年前までの私たち日本人が、幼少年時代に家庭や地域社会で体験してきたいろいろな遊びや冠婚葬祭、年中行事などは、その基層文化、生活文化を身につける機会と場であったのです。

2 地球上の文化の違い

・日本人の文化観

私は一九六四（昭和三九）年の東京オリンピック大会の年以来、もう五〇年、半世紀も地球上の諸民族を探訪し、いろいろな国の人々に共通して尋ねたことがあります。それは、「どんな社会が理想か」「どんな社会を望むか」という質問でした。その答えの大半が、「信頼できる社会」「信頼できる仲間がいる社会」でした。

私が期待した返答は、「強くて安定した社会」とか「豊かな社会」、「平和な社会」などであったので、初めは何で、どうして、と拍子抜けするような思いがしたのです。それは、私が自分の社会・日本国や友人、仲間をあまり疑っていなかったし、日本国や故郷が崩壊してなくなるなどと考えたこともなかったので、自分の国や仲間を信じることが当たり前のように思っていたからです。

日本人以外の大陸の人々は、自分が住んでいる社会・国や仲間を疑っています。それは、有史以来部族や民族の抗争や侵略戦争などが絶えず勃発し、自分の社会、故郷、国がいつまでも安定して続くことや栄えることが信じられなかったし、殺人、略奪、強姦、強盗、詐欺などが日常茶飯事であったので、社会や他人が信じられなかったからでもあるのです。何より多民族、多文化、多宗教の社会は異文化、異民族の集合体なので移住や移民の機会も多く、一般的に猜疑心の強い不信社会なのです。その疑いや不安の中から社会を営む知恵や商業習慣が発生していました。だから不信社会の一人ひとりが個性の強い生き方、考え方をもっており、社会を営む知恵を身につけているので自己防衛的な発想が強くて自己主義になりがちで、大変利己的なのです。

私たち日本人の根底にある文化観は、先祖代々知り合った定住社会で、仲間や社会・世間に対する信頼心から皆同じような、絆の強い同類意識によって社会を営む知恵や商いの習慣が生まれ、お互いに信頼を大切にする風俗、習慣や価値観によるものでした。だから、一人ひとりの個性や自己主張よりも共通性、協調性の強い生き方、考え方をもっている人が多く、虚飾的で嘘偽りをつく人を嫌ったのです。

・日本的とアメリカ的

戦後のアメリカ的民主教育は自主性、主体性、積極性、個性を尊び自己主張を重視してきました。昭和二二年四月に小学校に入学し、戦後民主教育の第一期生とも言える私は、高知県西端にある農漁村の信頼的な日本人社会で暮らしながら、学校で習う新しい考えや価値観などに半信半疑で迷いながら成長しました。そして、東京にある大学を卒業してすぐに日本国を出て、地球上の諸民族の生活文化を踏査し始めたのですが、私の根底にある日本人的文化観と、大学まで進んで学校で教わった知識としてのアメリカ的価値観が交錯して、さまざまなことの判断にいつも迷いました。私の意識の中に浮遊するアメリカ的個人主義が勝るたびに、いつも後悔するのです。しかも、これでいいのだと弁明するのですが、私に潜在する道徳心が鎌首をもち上げていじめるのです。

結局、私は日本人なのだと思うしかなく、少年時代に多くの日本人から教えられたことに従って、全体主義的な判断をするようにしましたが、自信はもてなかったのです。私の身体は日本人なのですが、価値判断をする脳の中身は、半分がアメリカ的になっていたのです。

日本を支配したアメリカの当初は、イギリスをはじめ、ヨーロッパ人を主とした、イギリス王国の植民地であったのですが、やがて王政の政治構造や伝統的価値観に反旗を翻して独立戦争を始め、翌年の一七七六年に独立を宣言しました。僅か二四〇年ほど前に建国をしたアメリカは、主にヨーロッパ大陸からの移民によって成り立っている多民族国家なのです。

独立を果たした革命国家アメリカの建国精神は、自由主義、民主主義、立憲主義などによる、個人の自由、平等、権利の保障でした。多種多様な人が集う革新的な多民族国家アメリカは、伝統を守るよりも改革と発展を追求する進歩主義の国であったのです。

信頼できる同類的社会に住む日本人の風習や価値観は、不信社会で自己主張の強いアメリカの人々とは、考え方がかなり違っていますが、アメリカのような不信社会に住む人々の理想は、日本人にとってごく普通の信頼できる社会、信頼できる仲間がいるということであったのです。

・異文化による異民族

こうした信頼社会と不信社会の生き方や考え方の違いはどうして起こったのか、長い間疑問に思いながら世界の諸民族を踏査しているうちに、私たち人間が勝手に作ったものではなく、私たちを取り巻く自然環境に適応するための生活の知恵などの特長によるものだと思うようになりました。それはたとえば、砂地に蟹が、自分の甲羅に合わせて砂を掘るように、人間は自然環境に合わせた生き方や考え方をする動物で、しかも同類が寄り集まる習性のある文化的動物なのだと思うようになったからです。そして、その自然に合わせた生き方、考え方、価値観などの生き抜くための知恵の総体を、民族学や民俗学的に表現する言葉が「生活文化」なのです。

自然環境が異なるということは、生き方や考え方などの生活文化が異なるということです。生活文化は、長年の間の自然環境によって知らず知らずのうちに培われたものなので、机上の論理で他と比較しても本当の意味や価値を理解することは難しいのです。

民族文化の成り立ちを知るには、生活現場の自然環境を認識する必要があります。自然環境を知らずして基層文化でもある生活文化を論ずることは、絵に描いた餅の食べ方を論ずるようなことです。

地球上のいろいろな民族の生活文化は、そこに住む人々が長年の間に、自然環境に順応する生活の知恵として培ったもので、好き勝手に作ったものではないのです。人々は自然環境によってよりよく生きるための知恵・文化を培い、同じ文化を共有する人々が集まって民族という集団、社会を育んできました。だから異民族が異文化を培うのではなく、人々の集団が異なった自然環境に順応して生きることによって培われた文化が異なるので、異文化の共有者たちが異民族になるのです。

自然環境の違いが人々に異文化を培わせ、異民族・異郷となるのですが、その異文化は私たちに不安を募らせて、不満を感じさせ、やがて不信感が生じて、ついには幻想を抱かせるようになるのです。幻想というのは非現実的なことを、夢を見ているかのように思い浮かべることですが、その幻想は不信感や不安感を高じさせて、病的心理や錯覚を起こさせます。

・不安と不信の始まり

人は誰しも不可思議な自然の中に一人でいますと、いろいろな幻想や妄想を抱き、自分の弱さから錯覚を起こしがちになるものです。

私も中央アジアの乾燥した厳しい自然環境の国々をこれまでに何度となく旅をし、砂漠や秘境と呼ばれる山岳地帯を歩きましたが、想像を絶するような厳しい自然の中で、風の音や動物の声、雲の動きや物の明暗などによって幻想を抱き、異文化、異民族の異郷で生活をともにしているうちに、何度も不可解な言葉や仕種、笑いなどに誘発されて錯覚を起こしたことがあります。それに耐える力がないと、ストレスによるいろいろな病気になりがちです。特に「ノイローゼ」と呼ばれる精神異常の病気になります。ノイローゼは現代病とも言われますが、強弱を問わなければ、古代からあった精神の不安定状態が続く精神異常のことです。

錯覚は事実と異なることを見たり聞いたりすることで、言葉や風習の違う異郷では起こりがちですが、今日の発展した科学的文明社会では、人間不信、社会不安を感じる人々が、この錯覚にさいなまれて「ノイローゼ」と呼ばれる病気になりがちです。昔も今も自然環境の違い・異文化は、人々を幻想と錯覚の世界に陥れやすいので、落ち着きがたく、安心感をもちがたいのです。特に定住する単一民族的社会に住み慣れた日本人にとっては、古代からの生活文化が強く浸透していましたので、異文化、異民族の地では不安が募りがちです。

私は、異文化、異民族の多い地球上を歩いて、いろいろな自然現象と現代的な科学的文明社会の有様を見てきましたが、自然とともに生きる知恵を忘れた今日の多くの人々は、多情報化による精神的公害によって不信や不安から来る幻想と錯覚の世界に陥って、精神的に病んでいることを知らされました。特に、日本的文化とアメリカ的文化の交錯する今日の日本では、世代間の言葉や価値観がかなり違っているし、日本人同士の信頼感が弱まっていますので、不信や不安が強く、孤独感にさいなまれやすく、夢物語のようなファンタジーの世界を求めがちになっています。

本来の日本は、「世間」と呼ばれる社会観から、嘘偽りをつかない、騙さない、盗まないなどの道徳心があって、絆の強い家族の集合体である地域社会は、同族的な仲間意識の強い信頼社会であったのですが、今ではそんなことにお構いなしで、家族の絆さえ失われ、騙される方が、盗まれる方が悪い、詐欺的金儲けをしてどこが悪いのかという具合の不信社会になりかけているのです。

3　文化としての心情

・心のあり方

私たちは、〝心〟という抽象的でわかりにくい言葉をよく使いますが、一般的には自分を取り巻くあらゆるものに対応する心理作用のことです。具体的には、物事をどうとらえ、どう感じるか、意思をどうもつかなど、感情の総合的作用でもあるのです。その心の大切な要素は、信頼（安心・幸福・満足）、愛（大切・好き）、価値観（善悪）、情緒（喜怒哀楽）、情操（感動）などです。

信頼は、誰かがそばにいると安心、幸福、満足な気持ちになれることやそうした感情をもつことです。愛は大変複雑でわかりにくいのですが、誰かと一緒にいたい、誰かの側にいると大変楽しいという平和な気持ちであり、誰かを大切に思う気持ちです。

このように考えますと、私たちが感じる本当の〝平和〟とは、単に戦争がない状態ではなく、思いを巡らし、考えて判断（納得）する自己認識（精神的活動）による信頼や愛の心情なのです。

これまでには誰もが通過してきた少年期に、群れ遊びなどの集団活動を通じて誰かと一緒にいたい、誰かの傍らにいると大変楽しいとか、誰かを大切に思う気持ちや、誰かが傍らにいると安心、幸福、満足な気持ちなどを培っていないと、大人になってから他人を本当に信じて愛する心情を育むことは困難です。特に異性に対する信頼や愛情のもち方がわからず、人間関係に戸惑いがちになるのです。

価値観は、物事の良し悪しのことで、人の生き方、考え方、感じ方のことです。情緒は、喜怒哀楽の感情のことです。情操は、感動する気持ちで、「あの人は素晴らしい！」、「夕焼けが美しい！」、「この絵が大好きだ！」などと思える気持ちや憧れです。

私たちは、少年時代の群れ遊ぶ集団的な活動や生活体験、自然体験などによって起こる、このような心理的作用によって、文化としての心の原点が培われ、成長とともに日本人的感情の絆が大きく育まれてきたのです。

だから、〝心〟というのは、生き方、あり方、考え方、感じ方など、感情の総合体であり、心によって価値観や情緒の喜怒哀楽や情操などの意識が芽生え、社会的な文化観が徐々に培われるのです。

・日本人の感性

私たちが長い人生をよりよく逞しく生きるためには、文学や芸術などの表層文化とのかかわりよりも、年齢とともに関心が強くなる自然とのかかわり方を知る心得としての基層文化、すなわち生活文化が必要になってきます。人間が自然とともに生きるに必要な生活文化は、青少年期には関心が弱いのですが、壮年期以上の大人としては日常生活に必要な〝当たり前の心得〟であり、ゆとりであり、心のよりどころでもあるのです。だから青少年期に少しでも生活文化を習得する機会に恵まれることが必要なのです。その生活文化を身につける方法の一つとして、自然とのコミュニケーションがあるのです。

日常生活で目の前にある樹木の特徴がわかり、名前までわかると、自然の変化に敏感になります。それは、一本の木、一枚の葉、一個の花や果実の形や色や大小の特質が、変化のある自然の美しさ、素晴らしさを見せてくれるからです。

冬のかたい包芽、晩冬の桃色にふくらんだ芽、早春の萌える黄緑の小さな若葉、春のみずみずしい緑の葉、夏の強い日差しに映える濃い緑色の葉、秋の夕日に燃えるように色づいた葉、ヒラヒラと一枚ずつ舞いおりる葉、大地一面に織りなした落葉…。一年の変化を眺めているうちに、美の心を教えてくれ、無情を知らせてくれ、時の流れを感じさせてくれます。

〝一葉落ちて天下の秋を知る〟

このような故事成語がありますが、一枚の葉の変化が、時の流れ、美や季節、詩情や旋律の世界をも伝えてくれるのです。

巡りめく自然の美に練られた感性は、リズムを奏で、詩情をかきたて、絵心を培い、侘びと寂びの境地まで開いて見せてくれ、驚きと感動のドラマを演出して、控えめな態度まで身につけさせてくれるのです。

これまでの日本人が控えめで繊細であったのは、日本の自然が繊細で変化に富んでいたからです。日本の複雑な自然は、日本人にさまざまな感情を練らせ、複雑で繊細な文化観を培わせてきました。この豊かな感性が万葉の時代から和歌を詠み、近世になって俳句を詠ませたのです。そして、美術工芸品の模様や衣類の紋様、水墨画の世界へと進み、大小の線によって自然を具現化する、澄み切った美意識の世界やそれらを表現する繊細な言葉をも創造してきたのです。

・環境との対話

地球上のいかなる人間も植物を通じて行う自然とのコミュニケーションによって、自分をさらけ出し、他人の心までも読めるし、いつの間にか心地よい安心、安全な気持ちになれるのです。

自然とのコミュニケーションも大事ですが、私たちが日常生活をよりよく生きるために認識する必要があるものとして、自然環境と社会環境の二つがあります。

自然環境は、私たちに倫理、すなわち安らかな心やしなやかさを与えてくれ、衣食住に関する採集や経過、共生の知恵を教えてくれたり緑色の文化を伝えてくれます。

社会環境は、私たちに論理、すなわちさまざまな形や逞しさを与えてくれ、衣食住に関する開拓や開発、征服の知識を教えてくれたり複雑な色彩の文明を伝えてくれます。

私たちは、日常生活で否応なく社会環境を目にし、絶えず刺激を与えられていますが、空気や水、草、木などのようにありふれている自然環境は、意識しないことには感じにくいのです。しかし、私たちの心がけによって社会環境を変えることは可能ですが、心を育んでくれる自然環境を大きく変えることはできません。

今日、地球規模で問題になっているフロンガスによるオゾン層の破壊、地球の温暖化、酸性雨、熱帯雨林の乱伐などは、私たちの心が作り出した社会環境の公害です。これは、工業化を中心とする科学、技術の発展の結果として作り出された地球的規模の公害であり、その対応策として環境行政が活発な啓発活動をせざるを得なくなっているのです。

これら社会環境の多くが、私たちの心のあり方によって作り出された科学的文明社会の結果的公害現象なので、環境行政は、科学的対処をすればよいのですが、文化としての心を培う教育行政は、自然環境への対応のあり方、自然とともに生きる心得など、しなやかな倫理を習得できる機会と場を作る必要があるのです。

・ゆとりと納得

自然とともに生きる心のあり方として「ゆとり」が重要ですが、ゆとりは、金銭や物が豊富であっても、知識や技術が身についていてもなかなか生まれてくるものではないのです。それらがない状態では、金銭や物があれば、知識や技術が身についていればゆとりが生じるだろうと思いがちですが、いったんそれを手にしても、それによってゆとりが生まれてくるものではないのです。少々は生まれてきますが、もっと基本的なものは、自然とのかかわり方において、私たちが物事をいろいろ感じ、行動し、思考し、判断し、納得し、社会的使命感を感じて工夫するような、精神活動による心理的経過がなければ、ゆとりは生まれてこないのです。

私は、地球上の多くの国の有様を見るために、この半世紀近くも人一倍の冒険的な行動をして来ました。そして、行動の後にいろいろなことを知りたいという知的欲望が沸いてきました。何でもかんでも無性に物事を知りたくなり、本が読みたくなり、人の話を聞きたくなって次から次に欲望が湧き、行動すればするほど知的欲望に駆られました。それは、他人からの命令や指示でも義務でもなく、自己認識による内なる心理作用によってふつふつと湧き上がってくる意欲であり快感であったのです。

私は、これまでにさまざまな民族を踏査し、冒険的行動と思考の世界を何度も繰り返してきましたが、その経過と結果が、さまざまな知恵としての文化観を育み、精神的活動にゆとりをもたらせてくれるようになったのだと思っています。このような点からも、やはり好奇心をもって行動し、思考・判断、そして納得し、社会的使命を感じる経過の積み重ねが、ゆとりを生み出す最大の知恵、方法であるに違いないのです。

国際化がいっそう進むであろうこれからの科学的文明社会においても、自然とともに生きる生活の知恵「生活文化」こそが、ゆとりある心を育むことであり、文化としての道徳心が芽生え、安心・安全な〝心の保障〟にとって最も重要であり、納得するには必要なことなのです。

4 日本的信頼社会

・日本は定住型社会

南北に長い自然の豊かな日本は、海、山、川に恵まれ、野山は緑に覆われており、季節ごとに食材が運ばれてきたり、大地から湧き出るような自然現象が起こるので季節が巡り来るのを待ち、手に入れた物に保存や加工の工夫をする、待ちと工夫の生活文化を培い、定住して村社会を営んできました。そのため、お互いに先祖代々知り合っている、絆が強く、道徳心の篤い家族的な信頼社会を形成しがちでした。そのため、「どこの馬の骨ともわからない者」などと、見知らぬ者を毛嫌いする傾向がありました。しかし今日では、無機物を生産する営利追及の工業化社会になり、サラリーマン的な移動、移住が多く、金権的な不信社会になりかけていますので、お互いにかかわり合うことが少なく、生活文化の混乱期に入っています。

定住する農耕民は地球上のどこにでもいますが、大陸では略奪や侵略戦争、部族や民族間の抗争が絶えなかったので、同じ場所に何世代も住み続けることは困難で、やむに止まれず移住することが多く、いつも盗賊や敵を意識して不安に駆られていたのです。だから、いざという時には弱い立場の子どもや老人から犠牲になりがちです。そのため、大陸に住む人々は、少年期の子どもの頃からお互いに本心をなかなか明かさず、虚飾的で自己主張が強く、表面的な明るさと親切心を装いがちです。そうした人間不信から道徳心が弱く、家族的にも地域の社会的にも絆の弱い人間関係になりがちなのです。

日本では「親はなくとも子は育つ」と言われてきました。これは、定住した信頼社会の互助精神により、村社会で子どもの面倒を見ましたので、社会の継続を信ずる親は、子のために犠牲となることを厭わなかったのです。

・大陸の大半は移動型社会

大陸の乾燥地帯や平原では、草や木や水が乏しく自然環境が厳しいので同じ所に長く定住するのは困難でした。そのため、季節ごとにより豊かな大地を求めて移動するような生活形態になりがちなのです。動物を飼育する牧畜の民は、遊牧によって家畜とともによりよい条件の大地を求めて広範囲に移動せざるを得ないので、定住して村を営むことはあまりないのです。しかし、移動の先々で見知らぬ者同士が数週間から数カ月の短期間に臨時的に集団生活をすることはあります。そこでは、風俗習慣や言葉、価値観などの違いから他人との摩擦が多く、お互いに不信感を募らせ、個々の責任の下に行動するので独立心の強い不信社会になりがちなのです。

大陸的な移動の多い不信社会では、未来は予測が立たず、現時点での最善の策が重要で、足手纏いになる弱い者から切り捨てられました。イタリアの伝説に「狼に育てられた子ども」の逸話がありますが、不安定な状態で親が子どもの犠牲になることはなかったのです。そのため、中世のヨーロッパ大陸では戦争が多かったこともあり、社会の継続を願う人々によって、戦争から子どもを守れという「児童憲章」が提唱されました。多民族が群雄割拠するヨーロッパ大陸では、それこそシェークスピアの四大悲劇のような親子や人間相互の不信的葛藤が日常的に起こり得たのです。

戦いの絶えなかったヨーロッパ大陸に暮らす人々の生活様式は、もともとは遊牧型の牧畜業を中心としますので、初対面でも仲間であるかのように明るく対応し、外交的で調子はよいのですが、基本的には猜疑心の強い利己的な不信社会です。彼ら牧畜民にとっての片手握手は、不信的な挨拶なのです。

・社会的権力の象徴

欧米で考案された法学や経済学では、信頼できない不信社会を「契約社会」と呼んでおり、信頼できる社会を「身分社会」と呼んでいます。

欧米的な考え方では、「社会とは、人が二人以上集まって共同生活を営む集団的状態」だと言うのですが、二人以上集まっても生活文化に共通性がなければ、大陸のように臨時的ならよいのですが、定住する日本のように永続的な社会には当てはまらないのです。そこで、日本人的発想による絆の強い社会が永続的に安定・継続するために必要になった生活文化伝承を中心に考えますと、次のように定義されます。

「社会とは、共通性のある個人が信頼によって、または規約の下に集い合っている状態」

日本的な信頼社会と大陸的な不信社会は、自然環境によってその成り立ちや構成のあり方が基本的に違っています。特に日本は、天皇を中心とする国体が千数百年以上も続いていますので、日本人のほとんどが、自分の村や町、大八州の日本国がなくなるとは思っていないので、世界のどこの国よりも公共を信じやすく、大義名分を重んじがちなのです。

社会には自然発生的なものと、利害、目的などに基づいて人為的に作られたものとがあります。自然環境の厳しさによって移住の機会が多い大陸では、土地の占有意識は強いのですが所有意識は弱く、武力や宗教によって徒党を組んで集団となるので、人の頭数が力、権力の象徴になるのです。しかし、定住農耕民的社会の日本では、田畑によって集団を組んで村社会を営んできましたので、土地の所有意識が強く、土地の広さが力、権力の象徴になってきました。そのため、日本は、世界のどの国よりも不動産である土地の価値を高めて投機の対象にしてきたのです。

私たちは、これから自分たちの社会を安定、継続させようとしていますが、安全、安心のための信頼社会を望むのか、経済的発展のための不信社会を望むのか、その基本的な姿勢を正さなければ対応の仕方が定まらないのです。

いずれにしても、学問的に表現されている契約社会とか身分社会という分類は、利己的な不信社会に住む欧米人の経済学的発想によるもので、社会が安定継続して人々が安心、安全に暮らせるための社会学や教育人類学、そして人間学的な見地から考えたものではないのです。しかし、人間的に絆の強い、道徳心の篤い日本人社会とは根本的に違う点はありますが、日本の学問の多くが欧米化していますし、市場主義の経済活動がアメリカ中心にグローバル化しています。そして、現代の日本では欧米的発想の経済学中心が主流になっていますので、金権的になりがちなのです。

・人類の理想的社会

今日、日本はいろいろな面で世界から注目されていますが、日本人が認識しなければならないことは、異文化、異民族が同居している多文化国家の、欧米や中国大陸のような不信社会における生活習慣や商習慣と、日本のような同一民族に近く、道徳心の篤い信頼社会における人間的、社会的な価値観や風習などの文化観が、微妙に違っていることです。

今日の国際化社会で生きる日本人の多くが、異文化・異民族の認識が弱く、日本的に皆同じように考えがちなので対人関係や外交における判断や、物事の交渉における決断に迷って中途半端になりがちです。しかし、経済活動とは別として、人間の生き方や考え方としては、何も欧米人に同調することが正しいとは限らないので、あくまでも日本人としての文化観や価値観、道徳観による判断力をしっかりもつことです。

何はともあれ、人々がより楽しく、安心して暮らすためには、信頼社会と不信社会のどちらがよいのかはまだはっきりしていません。それに何事にも真面目に、真摯に取り組んできたこれまでの日本人は、各自の自己認識があまりはっきりしないこともあって、不信社会の人々のように自分たちの文化を一方的に主張することはしなかったし、八百万の神々を認めてきたように何事も容認しがちであったので、他国の自己主義的な人々には理解されがたいのです。

しかし、異文化の集合体である多民族的な不信社会に住む多くの人は、何事についても自信あり気に自己主張して気勢を上げますが、実際には不安や不満が強く、信頼できる仲間がいる信頼社会を望んでいるのです。もしかすると、私たち日本人がそれほど意識せずに築き上げていた絆の強い、道徳心が篤く良心的な信頼社会は、大陸の多文化、多民族の不信社会の人々にとっては、理想的な社会のあり方なのかもしれないのです。

5　日本人の心、道徳心

・道徳心と法律

私たち人間は、いかんともしがたい闇の世界にこそ、畏まる、慎んだ態度、姿勢になりますので、古代においての闇とは人の心に神や仏、道徳心を具現化させる機会と場であったのです。

人間は、その闇を制するために、文明の利器である灯明を徐々に開発、発展させたように、定住社会の日本での道徳心の起こりは、多種多様な人々が集う社会生活における不安や恐怖から逃れるため、良心的に協力、協調し合うに必要な規則や掟、慣例などを定めることによったものです。

その古くから培われてきた暗黙の了解事項を守って、社会生活を不安、不信、不満にさせないようにする人々の心がけを〝道徳心〟と呼んでいるのです。

日本で道徳心が特に篤くなったのは、定住した社会の秩序を乱す者への罰則による、罪意識の羞恥心から良心の呵責にさいなまれ、自動的に反社会的行動を抑止するようになったからです。それは、日本のように定住して先祖代々が顔見知りの社会では、一度恥をかくと末代まで、日常生活が困難になるので、人々は、恥をかいて、他人から後ろ指を指されることを恐れたからです。

また、移動型社会の欧米での道徳心は、集団による獲物の分配や利己的行動の社会悪を罰することによって起こったともいわれますが、いずれにしても、処罰による良心の呵責から起こる羞恥心の、自己制御によるものだとされています。

このような道徳心は、学問や教育のためにあるのではなく、日常生活や他人とともに行動する現場で、安心、安全を守るに必要なことであり、よりよく生きるに必要な心がけ、社会的危機管理能力なのです。

人類は、社会生活を安心、安全に過ごす知恵として、約束事や掟などを定め、それを守ることによってお互いに〝信頼心〟を培い、共有できる家族、仲間、部族、民族を形成してきたのです。大きな集団である民族の信頼心を培う手段が思想や宗教、道徳（哲学）であり、そして教育であったのです。

ここでの民族とは、すでに記しましたが、言葉や道徳心、その他風習などの伝統文化を共有し、同族意識をもつ人々の集団のことで、身体的特徴によるものではないのです。

ですから民族には、言葉や風習、道徳心、価値観など、生活文化の共有が必要です。多民族社会はこれらの共通性が弱いので、日常的に不安、不信感が強く、自分が守られる必要条件としての人権の保障意識が強くなって、自己主張しがちになるのです。しかし、世界的にはまれな、統合された単一民族に近い日本では、生活文化の共有が強くて違和感が少なかったので、協調心によって人権意識があまり強まることなく、お上任せの他力本願的で、調和しがちになっていたのです。

大陸における牧畜民（遊牧民をも含む）の社会は、いろいろな人、部族が混住し、略奪や紛争が多く、やむなく移動したり、安易に移住しやすく、日常生活に安心、安定感が少ないので、不安と不信に駆られがちになります。そのため、少年期が短く、一二、三歳で大人の仲間入りをし、一五、六歳で結婚して、社会的に一人前になることが多いのです。

こうした、大陸における多民族、多文化の不信社会においては、生活文化の共有が少なく、信頼心が弱いので、話し合いによる約束事が守られないことが多く発生します。ですから、約束事を条文化しておくことが必要なのです。多民族社会において共通して守らなければならない内容を記した条文が、契約書であり法律なのです。

その反面、日本は、周囲が海の湿潤な気候で、稲作農耕を中心とする定住農耕民社会を営み、先祖代々知り合った世間と呼ばれる共同体を作って暮らしていました。そこには共同体が安定、継続し、安全、安心を保つに必要な約束事を守り、他人を思いやる心がけ，良心を大事にする生活文化、道徳心が自然に培われたのです。その共同体は、嘘偽りや裏切りなどを忌み嫌って、信頼心を大事にしてきました。もし、それらに反すれば、罰として〝村八分〟にされ、恥をさらすことになったのです。何よりも全体主義的な日本人は、恥をかくことを恐れていました。

その上、武家が胎動し始める鎌倉時代から、忠誠心が強くなり、「武士に二言はない」などと、口約束が信頼心を高め、道徳心が強くなっていましたので、条文化する必要性は弱かったのです。

定住する稲作農耕民の信頼社会は、比較的安定、継続していましたので、年齢による少年期、青年期の社会的区別がはっきりしていました。そして、社会的発達段階の未来志向が強く、親は子のために、先輩は後輩のための思いから、親子や仲間同士の絆や信頼心が強く、守られる期間が自然に長くなっていました。そのため、独立心の芽生えが遅く、多くの若者が二〇前後に結婚して、一人前の社会人になるのも、多民族社会と比較すると遅くなっていました。

日本は、長い間にわたって大変な犠牲と努力、工夫を払って、恥をさらすことの罪意識が強く、世界で最も信頼心の篤い道徳的社会になっていましたが、戦後はアメリカ化が進みましたので、それが壊れかけ、今では技術もビジネスも、外交、内政、観光、教育、警察すらも道徳心が薄れて治安が乱れ、信頼心を失いかけています。

日本以外の国の人々にとって、日本で最も魅力があり、関心のあることは、形式的な〝もてなし〟ではなく、社会生活における最高の知恵であり、心としての無形文化である〝道徳心〟なのです。

今日では、その事をないがしろにして、何でもかんでも金と時間と労力をかけて、形式を整えようとしがちですが、世界各国の不信社会から来る人々にとっては、日本人の日常生活における道徳心や、各地方にある素朴な生活文化そのものが、魅力ある文化財、文化遺産なのです。

・法律に勝る道徳心

牧畜民文化の流れをくむアメリカ社会の選挙が、お祭り騒ぎになって盛り上がるのは、国民に社会的不信や不安感があり、選挙によって社会、国のあり方である法律が変わると思っているので、多くの人が関心をもち、保身的な社会意識が強く、主体的、積極的になり、選挙結果に一喜一憂するからでもあるのです。

定住農耕民文化の流れをくむ日本人が、アメリカ的民主主義による選挙の盛り上がりが弱いのは、単一民族に近い統合された信頼社会で、一，〇〇〇年以上も国体が変わらず、多くの人は日本国がなくなるとか、選挙によって社会のあり方、法律が大きく変わるなどとは思っていないし、日常生活に不安や不満があっても、社会的不信感が弱いので、大人も若者も傍観者になりがちになり、主体性や積極性に欠けるためでもあるのです。

ここで言う〝法律〟は、時の政権が国会で決める社会生活に必要なことを条文化したもので、恒常的ではなく、一夜において変わり得るものです。

道徳心は、社会生活に必要な理念で、社会的危機管理能力でもあり、社会化に必要な文化力でもあります。道徳心は、社会人各自が感じるものであり、応用するものですが、法律は、時の政権が必要に応じて作成する条文で、社会人各自が覚えるものであり、応用は利かないのです。その法律を覚えて社会的に活用する職人が弁護士です。

日本人の日常的な道徳心は、嘘をつかない、騙さない、盗まない、他人を傷つけない（殺さない）、挨拶をする、約束を守るなどですが、今では絵に描いた餅になりかけています。このような道徳心は、時と場合によっては少々変化しますが、法律としての条文は、国会で変更しない限り変わらないのです。

変化の激しい社会情勢において、国のあり方や安全に関する憲法、法律が、半世紀以上も修正なしに固定化されているのは、独立国家日本としての国会が、優柔不断で怠慢に過ぎると言わざるを得ないのです。

いかなる時代にも、社会が安定、継続するには、条文化された法律よりも、生活文化として社会に共通する道徳心の方が勝ることを、一般社会人の教養として認識することが必要なのです。それは、条文化された法律には抜け道がありますが、生活文化としての道徳心は、各自が感じるもので抜け道がないからです。

・社会的〝人〟と個人

私たちが社会的〝人〟として生きていることは、社会に拘束されているということです。つまり、人は決して一人では生きていけないので、誰かを信じるしかないのです。私たちが社会的に生きるとは、生きるに値すると思われる道徳心や風習、言葉などの生活文化を、模倣や訓練によって習得し、己を強くして心を開き、日常生活を営む社会を信頼することです。それは、誰かの傍にいると安心、幸福、満足な気持ちになれることでもあるのです。

日本は災害大国ですが、天災も人災も発生したら同じ社会現象を起こし、人々を不安にさせます。平和で安定した社会状態では、人は身勝手に生きられ、自由気ままな生き方を主張しがちですが、災害発生時や不安定社会では、一人では安心が得られず、多くの人は、協力、協調の必要性によって、個人ではいられないことを痛感させられます。

五、六〇年前までの日本人は、天災に対応しての生活文化を培い、絶えず青少年に伝え、世界にまれな信頼社会を築き上げ、協力、協調や他を思いやる互助精神を大切にしていました。しかし、戦後七〇年も過ぎた今日の日本人は、過去の戦争を必要以上に懺悔し、大人たちが自信を失って社会意識が弱くなり、新しい芽、新しい力を期待して、生活文化を身につけていない子どもたちを、王子、王女のようにして、社会的義務を十分に果たすことをしてこなかったのです。

少年期の子どもの時に、社会的負の遺産を植え付けられたり、気ままに育ちますと、無責任で、社会意識が芽生えにくく、社会のよりよい後継者にはなりにくいのです。

今問題になっています未婚化、少子化、個人化などは、非社会化現象です。社会生活を営む人類は、古代から種の保存と、社会の安定、継続を願って、幼少年時代から社会化教育をしてきました。しかし、戦後の民主教育では、幼稚園児の頃から自由、平等、権利、そして個人化の教育が優先しましたので、社会生活に必要な道徳心や思いやる心、絆などの社会的心理が希薄になって、今日の日本人は、非常に利那的、快楽的になっています。

そのせいで、一時的には満たされているようですが、アメリカ社会と同じように、ペットの動物を人間同様にこよなく愛する社会現象からしても、多くの人が長期的、社会的には孤独でさみしいようです。本来の日本人は、動物よりも家族や仲間の人間を信頼し、愛していましたし、動物を仲間にしがちな不信社会の欧米人のように、ペットとして愛玩するようなことはしませんでした。多分、日本人が、欧米人と同じように家族や仲間を信じられなくなっているのでしょう。

今日ではテレビのコマーシャルで犬が父親になり、日本語を話しています。二、三歳の幼児が観れば、犬が言葉を話すのが普通になり、大人や父親に対する倒錯現象に陥るやもしれません。

多民族社会のアメリカでは、テレビでよく動物や人形が使われています。それは特定の民族を使うと他民族からクレームがつきがちなので、代わりに動物を使うのです。日本ではそうした心配はないのですが、アメリカ的傾向が単純にコマーシャルにまで及んでいるのです。

他には、今話題になっています、毎年秋になると見られる、アメリカの子ども用の年中行事である、ハロウイーン現象です。

ハロウイーンは、もともとヨーロッパのケルト系民族の収穫祭の一種でした。それがアメリカへの移民によって伝承され、アメリカでは子どもの祭りとして仮装し、各家を訪ね歩いては菓子などをもらう年中行事になっていたのです。このような子どもの年中行事は、日本にも古くから沢山あります。

それをコマーシャリズムやマスコミに煽られて、日本では、少年たちよりも二〇代三〇代どころか四〇代の大人が、大勢仮装して街中を練り歩き、大騒ぎになって、街を汚しているのです。

このような現象は、自信のない、孤独で不安な若い世代が、何を信じ、誰を頼ればよいのか、何をすればよいのかわからず、ひと時の憂さ晴らしをしている、科学的文明に溺れた、平和ボケの象徴的な社会現象なのです。

今国会で問題になっていることは、憲法一三条「すべての国民は、個人として尊重される」とある〝個人〟を〝人〟と修正しようとしていることです。

私は、長く世界の諸民族を踏査してきましたが、多民族、多文化社会では、これまで何度も記してきましたように、人は、自己防衛的にやむを得ず〝個人化〟し、個人主義になりがちで、社会は情勢が定まらず、不和や紛争が多く不安定になりがちでした。やはり、独立国家が安定、継続するには、個人よりも、生活文化を共有する人、すなわち社会人が必要なのです。社会化された〝人〟、社会人と利己的な〝個人〟は、文化的には違うのです。

これからの日本が、独立国家として社会的に安定、継続するには、かつての欧米諸国が行ってきた、植民地政策の典型であった、植民地国の人々を個人化して、支配しやすいための〝個人〟を育成するよりも、生活文化を共有する社会意識のある人、社会化された〝人〟を多くする教育人類学的発想が必要なのです。

・信頼心の始まり

大陸の多民族、多文化社会では、少年期からすぐに大人の社会に入って行きがちですが、定住する稲作農耕民文化を中心とする日本では、比較的社会が安定、継続していましたので、成長過程において、幼児期、少年期、青年期、壮年期などと、社会的区別がはっきりしていました。

私たち人間が文化を蓄積する手段は、模倣や言語、教育などによりますので、日常生活に必要な生活文化は、幼少年期の経験や見習い、模倣などによって強く影響を受けます。

地域社会に伝承される生活文化は、少々の変異はあっても、世代を超えて伝承される、日常的な生活習慣であり、価値観のことです。だから、私たちの羞恥心や罪悪感は、言葉や風習、価値観などの生活文化を共有しないことには、何があっても馬耳東風的になって、社会的な意味をなさないのです。

生活文化は、言葉や文字だけではなかなかうまく伝承されませんので、子どもから老人までの異年齢集団における、見習い体験的学習活動ができる機会と場が必要なのです。

日進月歩の知識や技能は、子どもたちが自主的、積極的に学び、簡単に大人を越すことができますが、過去からの遺産である生活文化は、大人を見習って体得、習得するものなので、五〇歳以上もの大人は、自信と誇りをもって子どもたちに接することが、信頼心を培うきっかけになるのです。

この頃の日本の母親の大半が、欧米式に乳幼児を胸に抱っこし、親と子が反対に向いています。本来の日本では、背におんぶしていたのですが…。

不信感の強い牧畜民文化を基本とする欧米では、古くから家畜の背に乗って移動する習慣がありましたので、乳幼児を背に負うよりも胸に抱っこした方が都合がよかったのです。それは、子どもを背に負って家畜の背に乗って走りますと、乳幼児が背から跳び抜けがちになるからです。そのため遊牧民は、乳幼児をしばり、固定して移動しがちなのです。しかし、定住して信頼心を重視する農耕民にとっては、胸に抱っこするよりも背に負った方が、農作業や炊事、洗濯などの仕事をする上にとって都合がよく、便利でもあったのです。

背に負われた乳幼児は、親と同じ方向を向いて、母親の背の温もりを感じながら落ち着いて、親を信じ切って安心して眠ります。そのため、親への信頼心が強くなり、独立心の芽生えが遅れがちになります。

胸に抱かれた乳幼児は、親と逆方向なので、絶えず母親の顔色を見、進行方向が親と逆なので不安と疑問が交錯して、心理的に不信感と自立心が促されがちになります。そのため、三つ子の魂百までと言われるように、少年期早々から独立心が芽生え、個人化しやすくなりがちなのです。

日本のような定住型の信頼社会においては、絶えず傍（そば）にいなくても、幼児期に接した母親の影響は大きいのです。幼児期によりよい体験の機会と場をもたなかった人は、心のよりどころがもてず、絶えず不安と不信と葛藤に見舞われ、よりよい社会人とは言えない心理状態になりがちです。

一億総活躍時代になり、幼児期の母親までを労働者とみなして、子どもを保育園や幼稚園に預けてまで働かせ、家庭を顧みさせないような政策は、近視眼的で、信頼心や絆、安心感を培う機会と場が殺がれやすく、教育人類学による未来社会にとっては良い政策とは言えないのです。

6　日本の夫婦同姓は信頼社会の基本

・男女の結婚のあり方

社会には、昔も今も若い男女が出会う機会と場（祭りや年中行事、共同作業など）が必要なのですが、今日の日本政府は、未婚化、少子化対策としていきなり「お見合い」の設定を支援しようとしています。

しかし、幼少年期に異年齢集団活動などで、社会化が促されていない人は、自閉的になりがちで、思いやりに欠けたり会話へた、利己的、自分勝手で、なかなか相手ができないし、結婚しても理解し合うことができず、辛い思いをしたり、すぐに離婚しがちで少子化になるのです。

何はともあれ、男と女の結合が物事の始まりであり、繁栄と人口増加には必要なことで、社会の根源をなしていましたので、個人主義や集団主義のいずれにしても、社会の安定、継続にとっては大きな課題なのです。

政府が、少子化対策として今すぐ取り組むことは、結婚期前の少年期に、異年齢集団の活動などによって社会化を促す、社会人準備教育なのです。さもないと、結婚できない人、結婚しない人、子どもを作らない人、簡単に離婚する人、それどころか同性愛的な人が多くなって、社会は乱れ、衰退してゆきます。

世界のどこに行っても男と女のかかわりがあり、男女の関係を社会的に公認する結婚式がありますす。その男女の結婚が社会秩序の始まりであり、配偶者の選び方には文化的特徴がありますので、男女関係は道徳心のあり方とも言えます。その結婚の形はさまざまですが、自分たちの社会の存続と繁栄を願う社会的儀式で、家族や地域社会の人々の支援のもとに行われています。しかも、世界的傾向は、動物のメスとしての繁殖戦略による配偶者選びの理念があり、どちらかと言えば母系的社会が多いのです。

たとえばカンボジアのクメール人は、若い男女が、正月や祭りその他の年中行事で行われる伝統的な野外遊びを通じて知り合い、お互いに気の合う相手を探して結婚します。結婚は男が女側の家族に入る婿入り婚で、離婚はまずないのですが、男が浮気をすることはあります。すると妻は、相手の女が悪いと思いがちで、夫を責めたりはしないのです。

タイ北部のアカ族は、一五、六歳の若い男女が、満月の夜ごとに村の広場に集まって、薪を燃やして歌い踊ります。お互いに合意すれば、一八歳くらいで結婚します。女は一度結婚すると離婚はありませんが、男は財力があれば二、三名の女性を同居させることができます。

ヒマラヤの高地に住むシエルパ族は、男は家畜を追って生活し、女は大地を耕して生活する半農半牧畜業です。男女関係については、父も母も何の干渉権もないので、女が一五、六歳になると、男たちは娘の父親に自分を売り込んで、その家に同宿させてもらい、親の仕事を手伝うのです。
結婚前の男女関係は自由ですが、女性の独立心が強く、妻訪い婚で男を選別するのです。女の父親が同意すれば結婚しますが、離婚は自由。どちらかと言えば一妻多夫になりがちで、一夫多妻になることはほとんどありません。

アフガニスタン北部のクチ族は、男は家畜とともに大地を歩き、女はテントの中で乳製品や羊毛製品を作る遊牧生活をしています。娘は、初潮が始まる一二、三歳から未婚の間は、家族から離れて女だけで共同生活をします。その娘宿に、近隣の他民族の男たちがやって来て、娘たちは物や金をもらって生活しがちですが、結婚はクチ族の男としかしないのです。女は一度結婚すると男の所有物のようになり、離婚はありません。

クチ族の男たちは、他民族の侵略があった場合は、戦わずに女や子ども、老人を置き去りにして逃げます。残された女たちは殺されることはまずないのですが、他民族の男たちに強姦されたり、一夜妻にされるのが一般的です。クチ族の女は、父親がどこの誰であれ、自分の産んだ子どもをクチ族に育てる宿命を背負っています。

・欧米の性と情愛

北欧のスウェーデンは、国土面積は日本の一・二倍もあるのですが、人口は日本の一五分の一で約九〇〇万人です。完全保障社会のスウェーデンの女性は、よくフリーセックスだと言われていましたが、一九六五年にストックホルムで会った二八歳の女性は、フリーではないと否定していました。

彼女によりますと、スウェーデンの女性は、好きな男性とならセックスしてもよいと思っているし、愛すれば結婚するのだそうです。だから一四、五歳で男女関係が始まり、早いと一七、八歳で結婚し、二〇前後で離婚する人が多く、三〇代半ばで再婚する女性が多いそうです。幼少年期の子どもは、ほとんど女性が世話するそうです。

スウェーデンは、人口増加の国策ですが、この半世紀もの間に僅か一〇〇万人しか増えていません。そんなこともあって、父親が誰であれ、スウェーデンの女性から生まれた子どもは、スウェーデンの子どもで、私生児とか非嫡子などという言葉はなく、国が保証してくれるので、女性は生活に困ることはないのです。

フリーセックスと言えばみだらなようですが、人口増加の国策にかなったことなので、女性たちは、魅力的な男性には性欲を感じるのだそうです。

彼女たちにとっては、好きと愛は別な感情で、好きになればセックスをし、愛して行動をともにしたければ結婚する。その何がフリーセックスなのだと言うのです。

一年の半分も太陽が南へ遠く離れて、寒い北国ではごく当たり前の考えで、オスとメス、男と女が繁殖のためだけではなく、人間としての本能的快楽のための行為であり、社会的価値観なので、これも一種の生活文化なのです。

不信社会の欧米諸国では、若い男女は自由恋愛で、愛すれば結婚し、愛がなくなれば簡単に離婚しがちです。何より夫婦の一体感が非常に希薄なのです。

欧米では〝男女の愛は永遠〟などとよく言われますが、本当は、不確実なのです。そのため、お互いに絶えず気を使い合っているのです。特に男性は女性に対して「愛しています」などと絶えず口にして、不安な女性を形式的にでも安心させようとします。多情な男が一人の女性に対して愛の感情をもち続けるには、大変な努力と心づくしが必要なのです。男は、女性に対して不遜な気持ちがあるので、〝レディーファースト〟などと形式張っているのです。

フランスなどでは、夫が妻に対して絶えず愛情表現をしますが、不確かで信頼感の弱いことの裏返しで、お互いの一体感が弱く、裏切り行為が多く、単純なことで簡単に離婚します。

信頼社会であった日本では、結婚後の夫は妻に対して愛情表現などほとんどしません。しかし、お互いに信じ合って一体化しがちなので、形式的な言葉などあまり必要ないのです。何より、夫婦は家族としての一体感が強く、特に妻が忍耐強くて簡単には離婚をしませんでした。しかし、今日の日本は欧米化し、夫婦の一体感が弱く、簡単に離婚しがちになっています。

・戦争と性と不信感

世界の大半の国は、望むと望まないにかかわらず多民族、多文化で、人々はどうしても利己的になり、不信社会になりがちなのです。

周囲を海に囲まれた日本は、列島外からの侵略がなく、千数百年も国体が変わらず継続し、文化的統合が成り立ていましたので、人類社会では珍しく、いい悪いは別にしても信頼社会に最も近い国になっていました。

地球上の大半を占める不信社会では、社会が不安定で継続性が弱いので、夫婦別姓でもよいのですが、社会が安定、継続している信頼社会では、社会の基本単位である家族の絆が強く、夫婦は一体化しますので同姓が望ましいのです。何より、大陸の不信社会では、家族の絆が弱く、個々ばらばらで個人化していますので、たとえ夫婦でも同体化、一体化はしないのです。

私は、これまでの五〇年近くもの間に、世界一四二の国と地域を探訪しましたが、たいていの国に売春婦はいましたし、戦争をしてこなかった部族や民族はいませんでした。それに男と女が結婚して子どもをもたない社会はありませんでしたし、男女の性のもつれが起こらない社会もありませんでした。

昔からよく言われているのは、「女性の最初の職業は売春であった」とのことですが、それがいいか悪いかではなく、オス、メス、男、女の両性によって成り立っている社会の有様で、男女の交わる行為は社会が継続するには、絶対必要な動物的行為なのです。しかも、男が中心になってなす戦争行為と、強姦的性行為は直結しがちで、戦時下では売春婦であろうが慰安婦であろうが、女性が男性の性的被害者になりがちなのです。

これまでの人類は、男と女の結婚によって人口を増やし、社会生活による貧困から抜け出す集団的手段として、略奪や侵略行為である戦争を誘発してきました。戦争とは、略奪、強姦、殺戮などの集団的行為なので、誰もが理屈抜きに嫌がることなのですが、我々人類は、いろいろな事情でこれまでに幾度となく繰り返し、今も続いています。平和時には考えられないことですが、いざとなると、生命や財産を守るためにやむを得ず武器をもつ人が多いのです。しかし、いかなる戦争でも結果的には勝者が善で、敗者が悪になりがちなのは、昔も今も変わらないのですが、客観的には正しい戦争などあり得ないのです。

今日の日本は、世界で一番平和で、安定した豊かな国になっています。この状態が続く限り、軍事力があろうがなかろうが、誰も戦争は望まないし、起こせないのです。

しかし、平和で安定した民族国家に近い日本に住む日本人には理解しがたいことですが、今も安住と利権の理想を求める人々によって、テロや紛争、戦争は繰り返されています。

数カ月前に、またもやベルギーの首都ブリュッセルでテロが発生しました。イスラム教徒の多いモレンベーク地区は、理論的には理想に近い国際的な多民族地帯なのですが、現実的には不和が多いのです。

地球上の現実は多民族国家が多く、人々は不安と不信に耐えながら、理性的に日常生活を過ごしているのです。しかし、人々の理想は民族国家であるがゆえに、これまでの人類史においては、不安、不信、不満の強い若者たちが、武器を手にして立ち上がり、今もテロや戦争が絶えないし、女性が性的犠牲になっていることが多いのです。

一般的な日本人は、戦争などで子どもや女性が犠牲になりますと、憐みを強く感じがちですが、大陸の不信社会は現実主義的ですので、弱者や足手まどいになる子どもなどがまず切り捨てられますし、女が男兵士の性的欲望の対象になるのです。先の日本の沖縄戦において、ガマ（壕）の中で、泣く子どもが殺されたことがよく話題になりますが、世界の大半の人々にとってはごく普通のことです。定住する日本人は、未来を信じ、子どもを大事にして、親が子どもの犠牲になりますが、大陸の遊牧民型の不信社会の人々は現実主義なので、力の弱い者、邪魔になる者をまず抹消し、今を生き延びようとするのです。

中世のヨーロッパ大陸では民族間の戦争が絶えませんでした。その戦争の一番の犠牲者は子どもでした。そのため、知恵ある人々が立ち上がって、未来のために子どもを救えと叫び、「児童憲章」が誕生したのです。私が知る限り、日本ほど子どもを大事にしてきた国はなかったのですが、戦後教育を受けて育った人が多くなった今日の日本では、児童憲章がありながら子殺しや虐待が多くなり、自分中心の現実主義者が多くなって、児童虐待防止法が必要になっています。

新聞の報道によりますと、児童相談所が対応する児童虐待の件数は、統計をとり始めた一九九〇年以降増え続けており、二〇一五年度は一〇万件を超えたそうです。

国の栄枯盛衰は、人類史上に多くありましたが、いずれも数百年以内に終わっています。一，〇〇〇年以上も国体を維持し続けているのは日本国だけですが、社会が安定、継続するには、言葉、道徳心、風習、生活力などの生活文化の共有が六〇パーセント以上必要です。いかなる国でも政治の基本は、社会の統合にあるのです。

東南アジアの国ミャンマーでは、スーチーさん率いる国民民主連盟（ＮＬＤ）が選挙で大勝しましたが、多民族、多文化社会でまだ混乱が収まってはいません。武力によらない話し合いで秩序を保つことは、並大抵の努力ではないのです。

その多民族国家ミャンマーには、家族名である〝姓〟がなく、個人名しかありません。それによって人々は、不平等や不自由を感じてはいないようですが、社会は統合性が弱く、不安定状態が続いています。

・夫婦同姓は日本の生活文化

人類史上には男女関係や家族制度、結婚感などいろいろな生活文化がありましたが、明治三一年の旧民法施行以来の夫婦同姓は、ここまで発展し、豊かで平和な安定した、信頼社会日本の礎でもあったのです。

他の国ではほとんど問題になっていない、夫婦の姓の問題が、日本ではよく話題になります。しかし、夫婦が希望すれば、結婚前の姓を戸籍上も維持できる夫婦別姓選択制の導入が検討されてはいましたが、二〇一五年には最高裁判所で否決されました。

この規制は、民法第七五〇条「夫婦は、婚姻の際に定めるところに従い、夫または妻の氏を称する」とあるところによるものです。

日本の夫婦同姓は、法律によるだけではなく、一夫一妻制で夫婦が一体化する生活文化としての道徳心なので、不信社会の欧米諸国やアジア大陸の諸国に比べて、文化的には発達、進歩した社会状態なのです。

大陸の多民族による不信社会は、現実的で猜疑心が強いので、作為的に条文化した法律で規制し、安定を図ろうとしていますが、日本は生活文化としての道徳心によって規整し、安定が図られているのです。

日本以外の国々に多い夫婦別姓が、現在の欧米化した日本では、まるで社会的に進歩した状態であるかのように取りざたされがちですが、必ずしもそうとは言えないのです。結婚も離婚も自由でよいのですが、夫婦が一体化するための夫婦同姓は信頼社会の基本であり、社会的には大変発展した道徳心の篤い状態とも言えるのです。

多民族、多文化の不信社会は、神（信頼心）は外にあり、夫婦別姓であったり、姓がなかったり、各自が主張し合い、自由を求めますが、秩序のない自由は不自由なのです。

日本のような統合された信頼社会では、神は内にあり、夫婦同姓で、家族の絆が強く、少々の犠牲はありますがお互いに譲り合い、道徳心の篤い秩序ある自由を求めるのです。

いかなる民族の社会でも、人々が求める理想は、安定と安心のある生活で、お互いに暗黙の了解事項を共有できる道徳心の篤い社会ですが、その基本は、家族の調和と信頼心による絆です。

ところが、二〇一六年三月八日の〝国際女性デー〟の日に、欧米文化を中心とする国連委が、女性差別撤廃条約により、日本の「夫婦同姓」は、女性に夫の姓を強制しているので改正するように要求してきたのです。

世界の大半の国が多民族、多文化の不信社会で、個人化現象が強く、夫婦別姓なのですが、人類の理想は、安定、継続する信頼社会なのです。大陸の諸国ではほぼ作り得ない、その信頼社会に最も近い状態になっていた道徳心の篤い日本の夫婦同姓は、社会的には発展した、進歩的な状態とも言えるのです。

人間の生死は個人的ですが、社会人である限り、個人ではなく、生活文化を共有する〝人〟になることが望ましいのです。よりよい社会人の多い国が文化国家で、社会的には発展した状態なのです。

結婚後、夫と妻のどちらの姓にしてもよいのですが、日本の夫婦同姓は、人類の進歩発展した社会現象で、女性差別によるものではないのです。夫婦別姓的な個人主義社会が必ずしも進歩的で、正しい社会状態であり、国連委の勧告が正しいとは限りません。

欧米の座学的な知識の世界で、欧米と日本を比較して、文化的優劣をつけたがる学者が多いのですが、日本の自然環境になじんだ生活文化としての道徳心のあり方を知らずに論ずることは、長い歴史上において正しいとは言えないのです。

日本の夫婦同姓が万全の策とは言えませんが、社会生活をより安全、安心に過ごせる社会目的をも考慮して、日本らしい生活文化であることに、自信と誇りをもってもよいのです。

四　文化としての繁殖戦略

野生動物の戦略的繁殖行動を自然科学的に紹介し、人類の人文科学的な性と愛について、私がこれまでに踏査してきた民族の結婚のあり方を、すでに出版している拙著から引用して、民族学的に考察してみます。

これまでもそうでありましたが、これからの科学的文明社会でも変わりなく続くと思われます男と女の結婚は、民族にとっては、社会が安定、継続するために大変重要な儀式であり、長い人類史においては、個々の性や愛、快楽だけではなく、作為的な繁殖戦略であったのです。何より、結婚のあり方は、各民族が社会的善としての道徳心の具体的な現れ方でもあったのです。

1 動物的な繁殖戦略

私たち人間の集団（社会）は、作為的に大きく三つに区別されています。まずは生物的な人種、次は文化的な民族、そして政治的な国民です。しかし、これから経済的、政治的に国際化やグローバル化が進めば、人種や国民という区分は自然に消えてなくなる可能性が高いのですが、民族だけは最後まで残るでしょう。

民族とは、言葉、風習、道徳心・生活力などの生活文化を共有する人たちの集団を意味することをすでに記しましたが、この民族性は、恐らく五〇年や一〇〇年経ってもなくならず、いっそう強くなるのではないかと思われます。それは、世界が国際化すればするほど、社会は不安定になり、人々は安全・安心を求めて集い合うからです。その民族社会が継続するには、男と女の結合が必要なのです。動物はすべて、オスとメスの和合によって繁殖し、種の保存が成り立っていたので、今日まで継続してきました。人間は、それを文化という真綿に包み込んで、お互いに道徳心を篤くしてより安全に、安心に生活できるようになっています。

人間社会の利他的な良心や秩序である道徳心の始まりは、集団で得た獲物の分配や利己的行為の社会悪を罰したことによるともされていますが、それと同時に、オスたちが得た獲物を欲しがるメスたちの配偶者選びによったものとも思うのです。子を産み育てるメスは、より多くの食べ物を確実に必要としますので、それに応えてくれそうなオスを選別するメスの選択理念が、オスたちに利他的精神を育てたのではないでしょうか。利他的な良心による道徳心を考察するに、教育人類学的にはオスとメス、男と女の関わり合いや、繁殖戦略である結婚のあり方を少しでも広く知る必要があると思いますので、ここにその実例を紹介します。

・メスとオスの戦略

動物のチンパンジーやゴリラ、ライオンや象も、オスが絶大な力をもっています。それはメスを奪い合う戦闘用の力なのです。しかし、その力によって集団をまとめることは、世代交互がありますので長くは続かないのです。どちらかと言えば、集団の権威は、戦うオスよりも、子を産んで育てるメスの方にあったのです。

人間に近い類人猿であるゴリラは、一頭のオスが多くのメスを従える一夫多妻の社会であり、チンパンジーもボス的オスを中心とする、数頭の若いオスと数頭のメスが一緒に暮らす集団生活をしています。いずれもオスは闘争的で、体も大きくて力が強く、武器としての犬歯もメスより大きいのです。

ゴリラやチンパンジーのメスは、通常、一年から二年の間の特定な時期だけに繁殖を行い、排卵が起きると、匂いや行動、皮膚などの変化でオスに知らせます。オスは、それを合図にメスと交尾することができます。

オスは、メスのサインがあると、急に男性ホルモンの分泌量が多くなり、メスを独占するために闘争心が強くなるのです。この男性ホルモンは、主に精巣で作られ、オスらしい体つきの形成や性欲の亢進、闘争本能などに関係しているそうです。メスは、競争に勝ち残った強いオスの遺伝子を残そうとします。

約七〇〇万年前に、共通の先祖から分岐したと言われるチンパンジーと人間のゲノムは、僅か一パーセントしか違いがないそうですが、チンパンジーのメスは妊娠可能な時期だけしか交尾しない、できないのに、人間の女性は、いつでも自由にセックスできるようになっています。その繁殖戦略の変化は、どのようにして起こったのでしょうか。

ＮＨＫの取材班が出版した〝病の起源、がんと脳卒中〟（宝島社）の中で、アメリカの古人類学者、オーウエン・ラブジョイ博士が、その疑問に答えてくれそうなことを述べていますので、ここに紹介します。

「霊長類のオスの犬歯は、メスよりかなり大きいのが普通です。他のオスとの争いで優位に立つためです。メスも犬歯の大きな強いオスを繁殖の相手に選びます。なぜヒトの場合、オスの犬歯が小さくなったのか。この変化は、二足歩行という移動手段の変化と同時に起きたと考えられます。両者は大きく結びついているのです」

（中略）

「オスは遠くまで食べ物を探しに行き、それをもち運んで帰るのと引き換えに、メスと交尾できたのでしょう。つまり〝プレゼント〟でメスの気を引いていたわけです。メスにとっても、子どもを抱えて食べ物を探しまわるよりは、食べ物を沢山もって来てくれるオスを相手に選ぶ方が得策です。自分も子どもも、豊富な栄養が得られるのですから、結果として繁殖成功率も高くなるわけです。オスが食糧を効率よく運ぶには、二足歩行で歩き、両手を使う方が便利です。メスは、より多くのプレゼントをもってくるオスを好むわけですが、次第に二足歩行の上手な個体の子孫が〝選択〟されていくようになったのです」

（中略）

「メスがいつ妊娠可能かわからないオスにとって、自分の子孫を残せる唯一の方法は、頻繁に交尾を続けることとです。それも特定の相手でないと意味がありません。これはメスの戦略の結果だったと思います。メスは、オスから安定的に食料を運んできてもらうため、妊娠可能であることを示すサインを隠すようになったのではないでしょうか。これには、オスにとってもいい面がありました。妊娠可能なサインがなければ、食糧を探しに行ってる間、他のオスに妊娠させられる危険がありません。生まれる子どもは、自分の子どもである確率が非常に高くなるわけです。こうしてヒト独自の繁殖戦略が生み出されていったのだと思います。今につながる一夫一妻の仕組みのルーツもこうして生まれたのだと思っています」

ところが、同じ著書の中で次のようにも記されています。

「〝メスが妊娠可能なサインをなくしたのは、一人のオスを自分のもとにつなぎとめておく、いわば一夫一妻の関係を促進させる戦略だった〟とラブジョイ博士は主張する。

しかし、これには異論もある。メスがサインをなくしたのは、多くのオスと交尾するためだという説だ。多くの動物に見られる〈子殺し〉を防ぐためのメスの戦略だったと言うのだ。〝ゴリラやチンパンジーのオスは、自分が交尾していないメスの子どもを殺してしまうことが多い（ゴリラの場合、赤ん坊の死因の三分の一は、この子殺しによるものだという）。それを防ぐためには、多くのオスに自分と交尾をさせ、生まれてくる子どもは自分の子どもかもしれないと、思い込ませる必要があった。そのためにサインを隠すことで妊娠可能なタイミングをわからなくし、オスがしょっちゅう交尾をしなければ子孫を残せないようにした〟と言うのだ。

いずれにせよ、このメスの戦略は、オスの繁殖行動に大きな影響を与えた。チンパンジーのオスの場合、交尾をするタイミングは、メスの性皮がふくらむことでわかる。そうしたメスを相手に、可能な限り多くの回数、交尾を行う。いわば集中的な交尾だ。

一方、ヒトのオスの場合は、常にメスの傍にいて頻繁に交尾する必要がある。そのためには、精子を継続的に、休みなく作り続けなくてはならないことになる。

（中略）

〝精子は、精巣（睾丸）の中で、精原細胞と呼ばれる細胞から、だんだんと分化（特殊な働きをもつ細胞になっていくこと）して、精子細胞になっていく。ヒトの場合、一時間に一，〇〇〇万個以上の割合で精子を作る〟と言う」。

真意をつかみかねますが、以上のような説によりますと、チンパンジーのメスと人間の女性の繁殖に関する戦略が大きく違ったのは、二足歩行という移動手段の変化によって起こったようです。

・母系的ボノボの性

人間に最も近いと言われる、アフリカの類人猿にはチンパンジーとゴリラ、それにボノボの三種類がいます。チンパンジーはどちらかと言えば平原、ボノボはジャングル、ゴリラは山の上の方に棲んでいます。私は、ゴリラをルワンダのビソケ山で踏査したことがありますのでよく知っていますし、チンパンジーはウガンダの森でも、日本の動物園でも見たことがありますので、ある程度は知っておりますが、ボノボだけはあまり知りませんでした。

ところが、このボノボという動物は、生物的にはチンパンジーに類似しているのですが、社会的には人類に近く、知れば知る程関心が強くなって、いろいろと情報を集めてみましたので、動物の母系的社会を代表させて、〝ボノボの母系社会〟の成り立ちについて紹介することにしました。

ボノボとチンパンジーは非常に近く、ほぼ同じ種ですが、チンパンジーの方が少し大きく、ボノボの方が少し小さいです。最も大きな違いは、ボノボは知能が優れており、二足歩行をしがちで、数十頭での集団生活をすることです。そして、チンパンジーはオスがメスを獲得するために闘争しますが、ボノボのオスは闘争をしないのです。チンパンジーのオスは戦って相手を殺すこともあります。動物で戦って相手を殺すのは人間とチンパンジーくらいではないでしょうか。では、ボノボはどうかと言えば、ボノボのオスはメスを競って格闘をしないので、比較的のんびり、おっとりしています。

実は、チンパンジーのメスの発情の間隔は長く、一度仔を産むと、一年半から二年に一度しか発情しないのです。だからオスは、自分の子孫を残すためにより多くのメスを獲得しようとします。その利己的欲望のために他のオスと戦うのです。でないと、性欲の強いオスはメス一頭では二年近くも交尾ができないので、命をかけて戦ってメスを数頭も獲得し、自分の子どもだけを増やそうとするのです。そのため、チンパンジーの社会は、オスの戦いが絶えないので、非常に不安定な情勢が続くのです。

一方ボノボのオスは、メスを獲得するために戦う必要はないのです。それは、ボノボのメスは、人間の女性と同じように、発情をしなくても交尾ができるからです。どちらかと言えばフリーセックス的なので、オスはいつでも交尾でき、戦う必要がないのです。だからボノボは二〇～三〇頭の集団で、オスとメスが入り混じって生活をしているのです。

それでは、チンパンジーとボノボは生物的にはほとんど差がないのに、なぜボノボのメスは人間の女性と同じように、発情しなくても四六時中交尾ができるようになったのでしょうか…。

私は、先ほども記しましたように、ボノボについては踏査をしていないし、何も知りませんでしたが、いろいろな学者によりますと、次のような自然環境の違いによって、何千、何万年もの間に環境順応したのだろうと言われています。

ボノボが棲んでいるアフリカの赤道直下にあるコンゴという国は、ほぼ中央を東から西へ大きなコンゴ川が流れています。今から数万年も前には、この川が乾燥によって干上がって小さくなっていたようです。チンパンジーはもともとコンゴ川の北の草原地帯にいたのですが、その一部が乾燥していた当時のコンゴ川を南に渡ったようです。ところが、その後、雨期があり、コンゴ川の幅が数キロにもなったので、もはや北から南へ、南から北へは渡れなくなり、同種のチンパンジーが北と南の二つに分かれて生活するようになったのです。

ところが、やがて、コンゴ川の北と南では自然環境が大きく違うようになり、北は乾燥がちの草原地帯で食べ物が少なく、南はジャングル地帯で湿気が多く、食料が豊富であったのです。

北側は自然環境が厳しく、乾燥して食べ物が少ないために、メスが仔を沢山産むと生存競争が激しくなるので、自然に環境に適応し、仔をあまり産まないような身体機能を身につけ、発情期が長くなったようです。また、食べ物を求めて遠くへの移動も多く、身体もより強健に、しかも大きくなったようです。

一方南の方は、自然環境豊かな森林地帯で食料が豊富なために、メスは仔が増えても困ることはないので、同じチンパンジーであったのですが、何千、何万年もの間に次第に発情期が短くなったようです。子孫が増えても食料の心配が少ないことから、メスは、いつの間にかオスを引き寄せる手段として、発情をしなくても交尾ができるようになったのです。性欲が満たされやすいオスは、メスの独占欲がなくなり、次第に戦闘能力の必要性が弱くなったのです。そして、食料を求めての移動範囲も狭いので、身体能力も北のチンパンジーのようには発達する必要がなく、やや小ぶりでおとなしくなったのです。

ボノボは、チンパンジーのようにオスが互いに戦う必要がなくおとなしいので、まさしくメス中心の集団生活をする動物で、典型的な母系社会のようです。

チンパンジーやボノボが勝手にそのようになったのではなく、自然環境に順応して生き延びるための知恵として身につけた、動物的な生活の知恵であり、繁殖戦略としての生活文化なのです

2　文化としての性と結婚

有史以来、若い男女の自由恋愛は最高のロマンとされてきました。しかし、結婚は若い男女の思い道理にはいかず、社会的な拘束があり、いろいろと面倒な手続きが多いのです。それでも今日では、多くの国や地方で恋愛が自由になり、結婚が二人の意思によることが可能になっていますが、現実は

なかなかうまくはいかないものです。

これまでの半世紀もの間に、世界一四二の国と地域を訪ね歩いたのですが、どこへいってもたいてい母系的社会で、女性の方が、何となく強く感じられました。もちろん日本でも本来は母系社会であったのですが、鎌倉、室町時代から武士の胎動が始まって以来、父系社会になったと言われています。しかし、腕力とか権力というのではなく、人間としての本質的には、やはり女性の方が強いのです。

今日本では、女性が家庭を維持、管理する労働力は認めず、アベノミクスで一億総活躍などと言って、女性を労働戦士にしようとか、どんな職場でも三〇パーセント以上は女性が占めなければいけないなどと叫ばれていますが、世界的にはごく当たり前のことで、どこの国でもよく働くのは女性の方です。何も今さら声を大にして主張するようなことでもないのですが、日本における結婚後の女性の役割は、主に家族の安定、継続を図る上にとっての子育てと家庭労働が中心でした。今日の工業化が進んだ科学的文明社会では、仕事が生活とは切り離されて、労働者は金銭を稼ぐためのロボット化していますが、日本でも家庭労働の重要性よりも、欧米その他に倣って家族的な力の強い、生活力のある母親としての女性までも、ロボット化した労働戦士にしようというのです。

女性を労働戦士にするため、満一歳から入園できる、認可保育所を導入して増やすことが叫ばれていますが、三歳未満の子どもが保育所に預けられて育つと、社会的にはどのような人間に育つのかについては、あまり考慮されていません。何より、「保育園落ちた、日本死ね」などと叫ぶ、子育てよりも働くことが重要だと思う利己的な若い女性が多くなっています。もうすでに社会現象が具体的になっており、若い親が子どもを虐待する非人道的なことが多くなり、二〇一五年度は一〇万件を超えています。そして、日本の将来を楽観する人は、現在、僅か二〇パーセントしかいないのです。ということは、日本人がすでに自分の社会、国を信じられなくなって不安と不満を抱えているのです。

日本はしばらく父系的社会とされていましたので、女性尊重が叫ばれているのですが、何より今大きな社会的問題になっているのは、未婚化、中性化、少子化の傾向が強く、男と女の役目、役割が区別できなくなっていますし、中性化した人が多くなり、社会が混とんとしていますので、自分の生き方がわからず、生きがい不明な時代になっていることです。これは工業化を進めてきた日本の未来にとっては由々しい問題なので、もう一度社会の原点である男と女の関わり合い、動物的な繁殖戦略のあり方を振り返って、社会の安定、継続に必要な性について、素朴で単純に考えてみる必要があります。そこで、まずは人類にとっての男女の性や結婚のあり方について知ることが必要になっています。

私が、これまでの半世紀近くもの間に踏査して調べた民族の、若い男女の関係する性や社会的な形式である結婚について、ユーラシア大陸の日本に近い民族から順を追って簡単に紹介してみます。

・東アジア

○韓国の婚礼

儒教の国で、男女七歳にして席を同じくせず、などと言われた韓国では、もともと親が結婚相手を決めていましたが、今では日本と大差のない文明国であり、宗教も仏教、キリスト教、儒教、その他の多宗教国で、恋愛も結婚もかなり自由になっています。

しかし、恋愛が自由になったとはいえ、結婚相手を決めることは容易なことではないのです。多くの人が、他人の口添えや協力、支援がないことには決めかねますので、古来の〝お見合い（ソン）〟によることも多いのです。

恋愛の多くが知人、友人、親戚や先輩などの紹介で知り合うか、適齢期（女二五歳、男二八歳）に近づいた男女が、誰かの勧めで、形のはっきりしない見合いから恋愛関係になるのが普通のようです。そして、恋愛が二、三年続き、お互いが同意すれば結婚するのです。

結婚が二人の意志によって決められるようになった今日でも、簡単な結納品を箱に入れて、男側から結婚式の前日か、一、二週間前に女側に届ける儀式は残っています。この結納の儀式を木箱という意味の〝ハーム〟と呼びますが、ハームには新郎は参加しません。友人たちが届けた後、新婦の家で宴会をすることによって、二人の結婚が周知されます。

韓国では、同族の同姓が結婚することは法律で禁じられています。また結婚しても女の姓が夫と同じになることはないのですが、子どもは父親の姓になります。

結婚式の日取りや結婚式が新婦側で決められるし、午前、午後、夜のどれかを占いによって決め、すべての費用は新婦側が負担します。しかし、今では新婦の家で結婚式を挙げることは少なく、ほとんど〝礼式場〟と呼ばれる結婚式場で行われます。

新婦の家で結婚式が行われた場合は、結婚式の後、新郎は新婦の部屋に入り、新婦手製の平服に着かえて初夜を迎えます。この新婦の部屋を〝新房〟と呼び、初夜のことを新房とも言うそうです。そして翌日、新郎は新婦を連れて帰り、両親や親戚一同に二人揃って挨拶をします。これが〝ペーペック〟と呼ばれる儀式で、新婦が初めて新郎側の人々に顔見せをするのです。特に、両親に嫁としての許しをこう大変重要な儀式なのです。

今日の略式結婚でも、このペーペックは欠くことのできない儀式で、キリスト教徒で、西洋式の結婚式を行ったとしても、このペーペックだけは、韓国の例服に着かえ、新婦は頭にチョクトリと言う帽子を被って行うそうで、韓国に根強く残っている風習の一つなのです。

今では結婚式の後、すぐに新婚旅行に出ることが多いので、式場の近くに特別な部屋があり、式の後すぐに新郎の両親や近親者に挨拶するようになっています。これをしないと、新郎側の人々が嫁として受け入れてくれないのだそうです。

一般的には、結婚式の後、新郎の家にやって来た新婦は三日間滞在し、四日目に新郎とともに実家に戻ります。そして、数日から数カ月滞在します。

この後夫の家に入ると、妻は夫や両親の許しがないと里帰りはできません。女は結婚したら夫の家から離れないのが普通なのです。しかし、今では、結婚後二人だけで暮らす夫婦が多く、里帰りも自由で、古い風習にはあまりとらわれないようになっています。

○トン族のなれ合いと結婚

中国貴州省の鎮遠から四二キロほど離れた、山麓の保金塞にトン族と呼ばれる人々が住んでいます。漢字では〝侗〟と書かれていますが、彼ら自身は〝カム〟と呼んでいます。〝クカム〟と言えば、彼らの言葉でトン族のことです。彼らは、もともと東の江西省の方に住んでいたのですが、七〇〇年ほど前に元朝のモンゴル族や漢民族に追われてこの地方にやって来たそうです。

村には〝オンスー〟と呼ばれる　四本または六本足の高床式の米倉があり、日本の弥生時代を髣髴させるようで、オンスーンには〝オウコワ〟と呼ばれる籾が入っていました。

このトン族には、若い男女が集団で行うかけ合い歌の祭りが、旧暦三月三日にあります。その前の〝ツクチャー〟と呼ばれる旧暦二月八日〜一〇日までの三日間、天地の神に祈る祭りがありますが、その時にもかけ合い歌をします。しかし、天の神〝モンテイ〟、地の神〝ツテイ〟に牛一二頭、豚多数を生贄にして祈り、闘牛大会や芦笙を吹いて踊り、男女がかけ合い歌をするこの祭りは、四年に一回であり、六〇年に一回大規模に催されるので、人々は、毎年三月三日に決まって催されるかけ合い歌の祭りを、〝恋愛祭り〟と呼んでいるのです。

三月三日は若い男女が集団で野山に出かけ、男と女に分かれて歌い合います。伝統的なかけ合い歌を歌う者が多いのですが、中には即興的に作詞して巧みに歌って、異性の関心を引く者もいます。彼らは、野の風、山のこだまに負けない大声を張り上げ、一日中歌い合うのです。

明るく輝ける日に、野山の花々の香りに、青春の熱い血が果てしなく燃え続け、生命の喜びに一日で気心が通じ合う男女があれば、また、二度、三度と繰り返すうちに、燃え上がる男女もいます。

この日に、男が女性から花の入った籠をもらうと、結婚に同意したことになります。同意する予定の娘たちは、朝早くに畑のニンニクや野菜をとりに行き、小川できれいに洗って、花を添えた手籠を準備するのです。

親たちは、この花籠が渡されることによって、息子や娘の相手を知ります。これは公開恋愛の始まりを宣言するもので、この日以後は、二人だけで山の中腹に行ってかけ合い歌をすることができます。かけ合い歌は、言葉の使い方や表情、仕種、異性についての勉強会のようであり、文化伝承の役目も果たしています。しかし、二人だけで会っても、あまり仲が深まらない場合には、別の相手を求めることができますので、若い男女は自由に恋愛を楽しめるのです。

公開恋愛が進み、お互いが好意をもち続けられたら、女は自分が使っていたハンカチや刺繍した布などを会うたびに贈り、男は靴や靴下、ハンカチ、タオルなどを贈ることによって、結婚が決まります。そして、吉日を選んで結婚の儀式をします。

当日の朝、男（日本風に新郎とは言いがたい）は自分の兄弟姉妹の何人かとともに、女（新婦とも言いがたい）の家を訪れます。そして、女を、彼女の兄弟姉妹や友人など七、八人とともに連れて戻ります。このとき女の両親は同行しません。

男の家ではこの日一日中、親戚や村人たちが集まって酒を飲み、歌い踊ります。新郎新婦もこれに加わりますが、あまり厳粛ではありません。

この夜、新郎新婦は一緒に過ごすことができます。しかし、新婦が新郎の家に滞在するのは、三〜

五日間だけです。その後、実家に戻った妻は、夫の元へはなかなか戻ってはきません。

恋愛時代には自由に会えたのに、結婚後はなかなか自由には会えないのです。夫は、祭りや年中行事などがあるたびに、自分の姉妹や村の女性に頼んで、妻を迎えに行ってもらいます。しかし、一年に何度もあることではないのです。

妻に子どもができないと、早くて一、二年、遅いと三年以上もこの状態が続くのです。妻は子どもを夫の家で産むことになっていますので、なんとか早めに妊娠させないと長く待たされます。そのため、夫は無理をしてでも妻の下に通いがちになるのです。

離婚は可能ですが、あまりないのです。子どもが生まれますと、三日～三〇日後に祖父母が命名します。しかし、祖父母がいない場合は、親が命名することになっています。

・東南アジア

○カンボジアの見合い遊び

カンボジアの主な民族はクメール族で、一般的にクメール人と呼ばれています。クメール人は母系社会で、しかも婿入り婚です。

カンボジアは、約九〇年間もフランスの植民地になっていましたので、大きな町では、ヨーロッパ風の嫁入り婚が多くなっていますが、地方では今も婿入り婚が一般的です。

婿入り婚は男が女の家に入るので、どうしても女の方が実権を握りがちです。しかし、妻は夫に対して大変謙虚なのです。クメール人社会で、若い男女の出会い、知り合う機会と場は、正月や祭り、その他年中行事などで行われる伝統的な野外伝承遊びなのです。それは、日本にもあったような素朴な遊びです。

イ、チャオルチューン

チャオルチューンと呼ばれる遊びは、男女が五～六メートル離れて一列に並んで、布を巻いて作った手製のボールを投げ合うのです。

一般的に男は力がありますので、手加減をして投げますが、女は手加減することなく力一杯に投げますので、どうしても男の方が球を受け損じがちです。球を受け損じて落とした人の両隣が一緒に相手側に行き、好きな人の前で名前を読んだりからかって、話しかけながら踊ります。こうしたことを交互に繰り返しながら、気の合う相手を探すのです。

ロ、テインプロ（綱引き）

男女に分かれての綱引きは、一般的に女性の数が多く、なかなか勝負がつきません。そして、中年以上の男たちが太鼓や鐘などを打ち鳴らしてはやし立て、女性側を応援しますので大変賑やかです。これは、勝ち負けよりも男女が打ち解けて、親近感をもつための遊びです。

ハ、アンクイン（木の実当て）

アンクインと呼ばれる木の大きな実を地上に一〇個くらい並べ、三、四メートル離れた所から男女が交互に、アンクインの実を投げて倒す遊びです。

何回かのトータルで倒した数の多い方が勝ちです。負けると各自の膝をアンクインの実でそれぞれに叩かれます。何人にも叩かれるとかなり痛みを感じるのですが、その過程で男女の駆け引きがあってお互いに知り合い、気の合う人を探すのです。これも大笑いと大げさな叫びや仕種が飛び交う、楽しい見合い遊びなのです。

まだありますが、だいたいこのような遊びに一二、三歳から一四、五歳、いや未婚の間に参加して相手を探すのです。一二歳頃までの子どもは、子どもだけで準備を兼ねて遊びをしています。

クメール人社会では、特に地方では今も親の目が厳しく、若い男女が自由に出歩くことはできないし、出会う機会もあまりありませんので、正月や祭り、年中行事での男女のかけ合い遊びは、まさしく親公認の集団見合い遊びで、村、地域社会挙げての行事になるのです。

クメールの結婚後の女性は、神仏に仕え、夫に仕え、稲作農業に仕えてよく働きます。しかし、男女同権で、弱い立場ではなく、家族の中での実権は母親にあり、父親は一人では何も決められないのです。

夫は、妻の許しがあれば第二妻をもてますし、妻が、第二の夫をもつこともできますが、社会的立場が悪くなります。男の浮気は大した悪ではありませんが、女の浮気は大変な悪だとされているのです。

妻は、夫が浮気したり妾を連れたとしても決して悪くは言いません。夫に対しては寛容で我慢をしますが、悪いのは相手の女の方で、夫を誘惑したからだと考え、大変厳しくあたります。しかし離婚することはないのです。

○ヤオ族の婚前と婚後

中国の雲南高地や東南アジア北部の山岳地帯に住む諸民族の村を訪ねると、たいていの村で娘たちが隠れることなく、にこやかな表情で迎えてくれるのです。

タイ北部のヤオ族の娘たちも、大変興味深そうなまなざしで、少女らしいはにかみの笑顔を見せてくれます。一五〜一七歳くらいの娘たちは、こちらが話しかけるのを待っていたかのように、通訳兼案内人のアナン君（二七歳のタイ人）が話しかけると、顔が笑いで埋まってしまいそうな表情になりました。

「今夜は何人来ると思いますか、三、四人はきますよ」

午後七時頃夕食を済ませていると、町から同行しているアナン君が、楽しくてたまらいような表情で言った。昼間村の中や山で会った片言のタイ語を話す娘たちが、夜遊びに来る約束をしていたのです。

ヤオ族の村人はほとんどタイ語が話せませんが、四六歳のチョイメンさんは、片言のタイ語が話せますので、アナン君が頼んでくれ、彼の家に泊めてもらうことにしたのです。

夕食後には、村の若い男たちが私たちの所へやって来てトランプを始めました。八時過ぎに娘が三人やってきました。一七歳のカチオ、一六歳のファムチオとフェイワたちは、ランプの明かりでトランプゲームを見ていましたが、視線は絶えず私たちの方にあり、まるで親しい友に見せるようなほほ笑みを見せます。

午後九時になると、いつも寝る時間なので男たちは一斉に帰りましたが、三人娘は居座り、椅子を近づけて、まるで見合いでもするかのように並んで座っていました。三〇分過ぎても帰らず、だんだん近づいてきてわけもなく笑い転げます。

タイ語が少し話せる彼女たちが、アナン君を通じて教えてくれとせがむので、「愛しています」を教えると、何度も何度も意味あり気な表情で話しては笑い転げるのです。ヤオ語では何と言うのかを尋ねると、三人は、待っていたとばかりに教えてくれました。

「イーハンメ」

私が話すと、彼女たちは笑い転げ、私の膝を指先でくすぐるのです。つい嬉しくなって親しげに笑っていますと、男の友達という意味の「カチエアオ」と呼ばれました。

約一時間、会話よりもただ笑い合い、時には手で触られたり、指でつつかれるだけでしたが、本当に楽しく笑い合いました。アナン君は、どの娘が一番かと何度も尋ねましたが、笑いすぎて答えることはしませんでした。そして、フラッシュを使って記念撮影をしましたら、「ミヤオ」と言って暗闇に吸い込まれるように帰って行きました。きっと写真を欲しがるだろうと思っていたのですが、彼女たちは欲しがりませんでした。

これは今からもう三〇年ほど前のことで、ヤオ族の結婚前の男女は自由恋愛なので大変大らかだったのですが、結婚はいろいろな手続きがあって簡単ではありませんでした。

結婚は、男から女の方に申し込むのです。男が結婚相手を決めて女も同意をしますと、まず自分の父親に告げます。すると、両親が女の家を訪れて相談します。そして、いろいろな手順を踏んで結婚式が取り決められます。

第一の訪問（ミントニサン）

男の両親は何ももたずに女の家を訪れ、両親に息子の嫁を探している旨を伝え、娘の生年月日を尋ねる。

第二の訪問（コイズイチャイ）

男の両親が、一羽の鶏と焼酎をもって女の家を訪れ、娘を息子の嫁に欲しい旨を伝える。

第三の訪問（ジアチン）

女側から承諾を得て、男の家族が一羽の鶏と二、三本の焼酎を手土産に、一〇ロンニャンの重さの銀をもって行き、娘の両親に渡す。この時娘の父親は、次に訪ねる時には豚三頭と焼酎、米を持参するように伝える。これで結婚成立で、約一年後の日が決められます。

娘はこの日から結婚式の日まで野良仕事をせず、他の男とは一切交際しないで、自分の着物を縫うのです。女の衣類は大変色彩的で、華やかな模様が刺繍されていますので、作るのに長い時間を要するのです。

第四の訪問（チゾンキャ＝結婚式）

男の家族は、早朝から豚三頭を連れて女の家を訪れ、午前中に屠殺して料理します。午後、結婚の儀式が行われ、夕方、親戚、村人、知人などが集まって飲み、食べ、歌い踊ります。その夜、男の家族は全員家に帰ります。そしてその翌日、花嫁は両親に付き添われて花婿の家を訪れます。娘を渡した両親は、長居することなく家に戻ります。

初夜は結婚式の翌日なのですが、男女関係と結婚は別なので、それほど意義深くはないのです。男は妻を何人でも許されていて、離婚はありますが、めったにないのです。最初の妻は〝アオ〟、二番目は〝アオトン〟と呼ばれますが、一妻多夫になることはありません。結婚前の娘たちは大変大らかで明るく、自由なのですが、一度結婚すると、女は夫に限りなく尽くすのです。

チョイメンさんの奥さんは、朝早くに起きて夜寝るまで動き回って、大変な働き者ですが、いつもにこやかで明るく、料理も上手でした。ヤオ族の家庭では、たいていの奥さんが開放的でしかも働き者で、よく気が付きます。そうでないと、夫が他の女性に目移りするからかもしれません。

ヤオの女性にとって、結婚前の男女関係は大変自由で楽しいのですが、結婚後は〝夫〟という大変重い荷物を背負い、夫の浮気に気配りし、家庭をしっかり支えていく宿命を背負わなければならないのです。

○アカ族の自由恋愛と掟

タイ北部の山岳地帯に住むアカ族のサンチャイカオ村は、標高一，三〇〇メートルもある尾根の南側にあり、約五〇軒で四〇〇人が暮らしていました。

この村の村長アポコ、チュパと呼ばれる男が、通訳のアナン君の知人で、彼の家に泊めてもらうことになったのです。彼には子どもが一一人いるそうですが、すでに皆結婚していて、四男のアショさん一家だけが同居していました。三五歳のアショさんは警察官であったのですが、私たちを世話してくれました。

サンチャイカオ村のアカ族は、私がかつて訪れたことのあるアカポム村のアカロメサ族よりも、男女関係が自由で、禁じられた日以外は、若い男女が毎夜でも〝デコン〟と呼ばれる広場に集まり、お互いに合意すれば、いつでも抱き合うことができるのだそうです。

一般的には、満月の夜ごとに若い男女が集まって、薪を燃やすたき火を囲んで歌い踊り、話し合って、お互いに合意すれば、穀物倉などの小屋で愛し合うことができるのです。

アカ族では、良い妻は夫よりも年長者であるとされているのですが、男は、一五、六歳で参加し始め、一八歳くらいで結婚するのが普通のようです。

男女関係が大変自由なようですが、女は父親のいない子を産むことはできないのです。女は妊娠しますと、男の両親を訪ねて知らせます。しかし、その男がその娘と結婚したくなければ、彼女と結婚したい男を探してあげるのです。もし見つかれば酒や豚肉を買って結婚費用を援助してやります。しかし、誰もいなければ仕方なく同居させますが、男は娘の親にはほとんど何も渡しません。

女が妊娠したとわかった後で、父親を指名した場合、男が同意すればよいのですが、認めない場合は、両方とも村から追い出されるのです。アショさんは、若い男女の関係は自由だと何度も説明してくれましたが、その結果に対しては大変厳しい掟があるのです。

「子どもができれば結婚すればよい、離婚だって自由なんだから」

警察官のアショさんは、大変進歩的なようなことを、笑いながら気軽く話してくれました。掟の外にいる私にとっては大変厳しい処置のように思えるのですが、掟の中にいる村人たちにとっては、ごく当たり前のことなのかもしれません。

女は一度結婚すると離婚はありませんが、男は財力があれば二、三人の女性と同居できますので、一夫多妻でもあります。しかし、その財力の大半は女性の力によるのです。ただし、子どもは、女性側に権利があります。女の出産率は高いのですが、乳幼児の死亡率が高いので、人口はそんなに増えないのです。

アカ族が男女関係の結果として最も恐れているのは、双子が生まれることです。双子を〝ラボ〟と言いますが、その言葉を口にするだけでも忌み嫌うし、見ることなど死ぬほど恐ろしく、不吉なことだと思われています。

「人間は子どもを一人しか生まないものだ」

村人たちは、そう思い込んでいるようですが、双子が生まれないことはないのです。

サンチャイカオ村では、四年前に双子が生まれたそうです。その時どのような処置をしたのか、アショさん、兄のアサさん、村長のアポコさんに尋ねたのだがなかなか教えてくれませんでした。気の進まないアポコさんを口説いてやっと教えてもらいました。

「双子が生まれると、すぐに家の豚、犬、鶏などを全部殺し、家を焼き払った。そして祈祷師であるピーマ（アポコさんはピーマでもある）が双子を森の中に連れて行き、土を口の中に押し込んで殺した。双子はすぐに殺した方がいい。双子は不吉だ」

いつもにこやかな表情のアポコさんが、不機嫌な表情でそう言い切って、その後は黙ってしまったのです。

双子を産んだ夫婦は、二日間森の中に滞在してから村に戻ってきます。村人たちは、彼らのために新しい家を建ててやるのです。しかし、村人たちは、その夫婦とは一年間言葉を交わさないのです。もし夫婦が双子を殺さない場合は、村から追い出されます。村にはもう戻って来れないので、森の中で暮らすことになるのですが、そんな夫婦はいないそうです。

彼らは、村の掟であり禁忌だと言いますが、結婚前の男女関係が自由な裏には、大変非道な処置が認められているのです。

家畜と同居する彼らは、人間は子を一人しか産まないもの、家畜は沢山の仔を産むものだと決めつけているようです。だから逆に、豚が二、三頭しか仔を産まない場合には、その仔豚を全部殺してしまうそうです。また妊婦が死ぬことは不吉なことなので、全員が村を捨て、新しい所へ移住するのです。

彼らは、生まれてから死ぬまで家畜の交尾を日常的に絶えず見ています。人間の男女関係は自由でも家畜とは違うという、自信と誇りを裏付けるための掟なのかもしれません。

・南アジア

○首狩り社会の女たちの戦略

首狩りの習慣は、一種の戦争行為とみなせば世界中どこにでもあったのですが、二〇世紀中頃まで残っていたのは、インド東北部のナガランド地方だけかもしれません。

私が、雲南文化圏の民族踏査のためにナガ高地を最初に訪れたのは、一九七九（昭和五四）年一月でした。この地方は、今でも内紛状態にあるというので、インド政府が外国人の立ち入りを禁じていますが、私は、インドで知り合ったナガランド選出の国会議員から紹介されて、当時のデサイ首相に直接面会して頼み、特別許可を得て三週間にわたって滞在することができました。

その後、しばらく訪れていなかったのですが、一九九三（平成五）年末から翌年の一月にかけて、一五年ぶりに再訪することができました。

州都コヒマから南へ二〇キロのビスエマ村を一二月三一日に訪れました。人口約一万ものアンガミ族の村は、〝セクレニー〟と呼ばれる奉納祭の前日で、その夜、村の男たちが〝ホエミ〟と呼ばれる集会場に集まって、一年間の未解決の問題を話し合う習慣がありました。

集会場の一つを午後七時頃訪れますと、毛布を肩にかけ、ズトーと呼ばれる米のどぶろくのような酒を入れる竹製の器を手にした老若の男四、五〇名が、たき火を囲み、声高に議論をしていました。

かなり激しく言い合っていましたので、同行の通訳に説明してもらうと、掟を破った娘三人を村から追放することについての議論でした。何でも、相手の確認できない子を産む娘は、村から六年間追放されることになっているのだそうですが、若い男たちが、そんな掟は現代では長すぎるので、三年間に短くするよう主張して、老人たちと言い合っているのでした。

毎年一月中旬、南アンガミ地方では成年男子の相撲大会があり、各村から代表の選手が出場します。しかし、相手の確認できない子を孕む娘がいる村の選手は必ず負けるし、しかも、負傷したり骨折するので縁起が悪いとされているのだそうです。

ナガランドでは、男女とも一五歳頃から若衆宿や娘宿に寝泊まりする習慣があります。アンガミ族の若者は自由恋愛で、女が好きな男なら誰とでも関係をもつことができますが、妊娠期に複数の男と関係すると相手が確認できないことがあるのです。しかも男が同意してくれない場合があります。男は同意しても結婚する必要はないのですが、男の仲間数人が集まって、酒かお茶を一緒に飲み、誰の子であるかを確認し合うだけでよいのです。

私が、ビスエマ村でお世話になったビデゾ（五〇歳）さんの妻、オクレ（三八歳）さんは、一六歳が最初で、未婚のまま三人の子を産みましたが、相手がはっきりしていましたので追放されず、二二歳の時彼と結婚して、さらに四人の子を産んだのです。

「私の好きな男の、私の子ども」

女の言い分はこのようで、大変独立心が強く、結婚しない場合はすべて自分一人の責任の下に育てます。女は、男の同意がないと結婚できないのですが、男は、女の同意がないと肉体関係をもつことはできません。しかも、子どもを産む選択権は女にあります。

ビデゾさんは、三人の連れ子のある彼女と結婚しましたが、村ではよくあることで、子どもは多い方がよいと気にもしていませんでした。ただ、女の連れ子が女の場合、成長後、義父と関係してもよいことになっています。一般的には、一五歳頃になると泊まり屋に出るのですが、義理の娘が同意すれば問題はないのです。以前は、母娘と関係した男は、黒い腰布に二本の白い線をつけ、その事を誇る習慣があったようですが、この頃はあまりないそうです。

チャカサン族のチザミ村は、人口二，〇〇〇人くらいで、五〇〇人単位で若者宿がありました。村の入口の道沿いに、人頭大の石ころを沢山並べた記念石がありました。

「これは、二〇〇年ほど前の有名な男の記念石です。彼の生前を称えて、関係をもった女の数だけ石を並べています」

案内人に教えられ、石を数えてみると六〇個ありました。この辺で一番多いのは三〇〇個だそうです。

首狩りの習慣があった社会の女たちは、強くて勇ましい男を求めたのか、結婚しなくても、自分が好きな男なら関係をもち、しかも相手を自ら公表したので、村人は、男が関係した女の数をおおよそ知ることができたのです。

ナガランド北部にはコニャック族が住んでおり、顔に入れ墨をした、首狩り経験のある黒い顔をした王様がいました。山の尾根にある村国家は、人口がたいてい二～三，〇〇〇人で、お互いに人口が増大しないように調整し合っているのです。私が二度も会ったチュイ村の王様から、首狩りの方法や道具の使い方などについて直接説明を受けているうちに、〝首狩り行事〟が女たちのためであり、人口調整の社会制度であることに気づかされました。

一般的に、男が心身ともに一人前になるのは二五歳くらいで、未熟な者が首狩りに参加すると、犠牲者が多くなると言われています。男たちは、よく働き、よく訓練された二五歳以後に、集団で他の村へ首狩りに行くのですが、半数以上は犠牲になって戻って来ないそうです。

首狩りが、一般的な戦争や殺人行為と違う点は、他村で狩った首を無事にもち帰って、その事実を村人たちに周知させる儀式があることです。

首狩りに成功した者は、まず村国家の王様の目前に首を差し出し、その後、王家の前庭にある石台の上に首を置き、その武勲を承認してもらうのです。そして、村人の周知後、王の妃が、その男の顔に、木の刺で竹の煙からとった煤を入れ墨するのです。男たちが首狩りに参加するのは、成功した後で、妃から顔に入れ墨をしてもらうことを願ってのことなのです。

〝コニャック〟とは、入れ墨をした〝黒い顔〟のことなのですが、一人前の男、または勇者の象徴なのです。

顔に入れ墨のない者は結婚はもちろん、女性と関係することもできないのです。村の女たちは、顔に入れ墨のない男の子を産むことをタブーとし、顔の黒い勇者の子を産み殖すことを女の役目としていたのです。

この風習は、今も南のビスエマ村に残る、相手の確認できない子を産む女性は、村から追放されることに通じているのです。

男は、女性から肉体関係を拒否されると、生きがいを失いがちになりますので、仕方なく首狩りに参加していたのかもしれません。今日では首狩りの習慣はもうなくなっていますので、女性は自分が好きな男性を自由に選べ、気軽に関係をもち、人口増加が激しくなって、生活は以前より苦しくなっています。だからこそ、子どもの父親を確認することが必要なのかもしれません。

ナガランドの過去の風習的な首狩りは、人口調整のためと同時に、より強健な男の子種を望んだ女たちの選別手段でもあり、弱肉強食の社会的淘汰を促す、母系社会の繁殖戦略による組織的行為のなせる伝統行事でもあったのです。

○カシ族、母系社会の男たち

インド東北部、メガラヤ州のカシ族は、女性中心的な母系社会です。親族集団の成員権や財産所有権は母親にあり、その継承権は末娘にありますので、男たちは他家の女性と結婚して生家を出ます。末娘以外の女性は結婚すると生家を出ますが、親が近くに家を建て与えますので遠くへは行きません。

婚姻は、男が女側に同居することですが、男には婚家の成員権や財産の監督権はなく、生家の姉妹の家族集団の成員権と財産の監督権があるのです。この監督権は、兄弟から姉妹の息子へと継承されますので、男は結婚後も生家の方が居心地がよく、絶えず訪れるので、子どもは父親よりも母方の〝おじ〟に親近感をもつのです。

同族結婚が厳禁されているカシ族の社会では、親族集団の構成員は、母系子孫の四世代までとなっていますので、婚姻を結ぶのはこの親族集団以外の者です。

男女関係は女性の同意があれば成立しますが、結婚の決定権は母親にあり、仲介役は男の生家のおじさんです。

私が訪れたピンデンギルツ村には、人家が約五〇軒、人口は二百数十人で、藁葺の小さな小学校が一つありました。平地は稲の切り株が残った水田で、ゆるい丘は畑になっており、家は丘陵の麓に点在していました。私を案内してくれた、メガラヤ州選出の国会議員によりますと、ここは町から遠く離れた昔ながらの生活をしている素朴な村だそうです。

私が世話になったサングリア家の女家長は、七八歳のツイナさん。彼女は客である私の手を握り親しげに挨拶しました。私を世話してくれた孫娘の夫、ローイン.ウエル（四〇歳）さんは、彼女が出てくると部屋の片隅に座りました。サングリア家では、彼女の同意なくしては何事も始まらないのです。夫婦の姓は違っていますし、一体感は弱いのです。婿入りをしているローインさんは、町で学校に通っていましたので英語が話せますし、村では文明人なのです。

「どうして女性が男性よりも強いのですか」

私は後でローインさんに尋ねました。

「女性は男性より弱いからです」

彼はごく当たり前のように答えました。

「弱いから権利を与えるのですか」

「そうです。その通りです。しかし、本当は強いのですよ。女性は男性よりも神秘的な力をもっていますし、強い男を産むではありませんか」

彼は、男が女に権利を与え、男はその女のために生きるのだと言う。彼の言う女性の神秘的な力とは、女性の生殖能力のことです。人間にとって、新しい生命を生み出す女性の繁殖力と母性愛は絶大な力をもっているのです。

メガラヤ、カシ族の母系社会を単純に表現すると、男が女に権利と義務を与え、男は比較的自由奔放ですが、男たちの作った規則に従って社会生活を営んでいるのです。しかもこれは、社会的に強い女性と、腕力的に強い男性の和合した、女性崇拝の象徴的母系社会で、母親を中心とする〝おじさん〟後見人的社会でもあるのです。

結婚は、男が女の家に住みつくことですので、娘がいないと姉妹や親戚の娘を養女にしますが、男を養子にすることはないのです。

ローインさんは、一二年前に、一八歳のマエルさんのいるサングリアン家の仕事を手伝っているうちに、彼女の同意が得られて同棲し、すでに三人の子どもがいます。妻の妹のツリナさんも、末娘のミルダさんもすでに結婚しています。同年輩の男が三人いても仕事はないし、居づらいので男たちはよく家を出て行きます。

結婚後の男たちは、よくよそに出稼ぎに行くし、生家に戻りますので、一、二カ月やそれ以上、長いと数年もの間不在にすることが多いのです。

サングリア家の家族は、子どもを入れて一四名でした。しかし、父親のノルシ（六〇歳）さん、次女の夫プラバツ（三〇歳）さんが遠くに行って家にはいませんでした。祖父はすでに死亡していたし、ローインさんも町に出ていてあまりいないので、現在同居している男は末娘の夫一人なのです。

ローインさんもそうですが、男は他の家を訪れて話し込むとなかなか腰を上げないし、生家に戻ると何日間も滞在するし、遠くへ望んで出稼ぎに行きます。そのため、妻にとっての夫は、単なる労働者であり、夜の相手であることが中心で、あまり頼りにならないのです。だから夫は、一家の内部事情には通じていない部外者で、離縁すれば全くの他人なのです。

土地が開墾され、田畑が多くなると、女たちは自分の所有地なのでせっせと働いて収穫を上げる努力をしますが、男には管理する田畑はありますが所有地はありませんので、労働に自主性が乏しく、よく出稼ぎや放浪の旅に出るのです。

人が死んで火葬された骨は、まず〝マウスヤ〟と呼ばれる第一の墓に安置されます。そして、五〜一〇年後にもう一度火葬され、〝モバ〟と呼ばれる第二の墓に移されます。女はモバで先祖たちと安らかに永眠できますが、男はまだ安らかではなく、魂が母を求めてさまよっていると思われています。だから、モバに安置された骨を、男の姉妹や母方の姪がもらい受けに来て、生家にもって帰り、母方の親族が集まって再び火葬にふします。そして、母方の先祖たちが眠る〝ペッパ（母の家）〟に安置されます。母系社会では、男と女の愛ははかなく、不確実で、母と子の関係こそ永遠なのです。

○シエルパ族の性と結婚式

ヒマラヤというのはサンスクリット語で、〝雪の家〟を意味するそうで、一年中白い雪の消えない高い山々を象徴した名称です。

ネパール東部の、富士山よりも高い標高三，八〇〇メートルのヒマラヤ山中に、チベットの首都であるラサの人々から、シエルパ（東人）と呼ばれる、チベット系の人々が住んでいます。彼らの社会は、まだ完全には父系化も母系化もしていない、人間本来のあり方、未成熟社会とでも言えばよいのかわかりませんが、男女の区別がはっきりしていない、男女平等社会なのです。

個人の尊厳に基づいた社会を理想とする、個人主義の欧米的な文明社会からすると、男女差のない社会は文化的に進歩しているとも言えますが、文明的にはいまだ発展途上なのです。

雪と氷と岩の多い、自然の大変厳しい環境下で暮らす彼らは、男は家畜のヤクを追って放牧し、女は大地を耕してジャガイモや粟などを栽培する半農半牧畜業の生活で、一家の中でも男女の仕事が分業されています。といっても、よく働くのは女で、男は暇を見つけては他の家や村を訪ねて雑談する時間の方が長いのです。

シエルパ族の社会では、未婚の男女関係に掟はなく、お互いに独占の権利も義理も義務もないのです。未婚の男は、気に入った女がいると、その父親に自分を売り込んで、同宿させてもらい、仕事を手伝います。その代わり、夜は女と会うのですが、女に気に入られないと何もできず、やがてその家を去ります。

男が女の家に同宿するのは結婚目的ではなく、自然環境が厳しく、人口も少ない社会環境なので、女の家への勤労奉仕が社会貢献であり、男女の出会いの場所になるのです。男女関係については、父親も母親も干渉の権利がないので、娘が一五、六歳にもなれば、男たちが自然に近づき、性の芽生えが促されて、自己責任の下に解放されるのです。

しかし、結婚は女の父親の承諾がないとできませんので、恋愛と結婚は全く別なのです。たとえ子どもができても、父親の同意が得られない場合は、男が女の家を去るか、略奪してともに遠くへ脱げるしかないのです。

父親は娘の結婚承諾権だけをもっており、娘の母親や兄弟姉妹は何の権利もありません。もし、娘が未婚の母親になったとしても父親には何の責任もなく、社会的に恥でもないのです。未婚の母親になるのは一般的なことであり、男の出入りが多いのは、女に価値があるからだとみなされるのです。

シエルパ族には結婚適齢期などあまり重視されてはいません。男が三〇歳、四〇歳、五〇歳で初婚であったり、女が二五歳や三〇歳四〇歳で子どもを二、三人連れて初婚の場合もあるし、お互いが二〇歳前後で結婚する場合もあるのです。

男の権威がかろうじて承認されているのは、父親を中心とする男子の末子相続制度です。これは、異父兄弟が多かったり、若くして子どもが生まれ、父親と長子の年齢差が少ないこともあるなど、明確ではありませんが、末子以外の男子は全員生家を出なければならないのです。女は結婚後、男の方に同居しますので生家を去ります。

シエルパ族の結婚は〝妻問い婚〟で、男が女の家を訪れて問いかけ、女が男を選別し、父親が同意すれば結婚式が盛大に執り行われます。世界のどこでもそうですが、結婚には社会的な掟があり、複雑な手続きや儀式があって、かなりの時間と費用を要するし、親族一同や村人などの協力を得なければならないのです。

第一の儀式（ソテネ）

男の近親の男性が〝チャン〟と呼ばれる酒を持参し、女の父親に結婚の同意が本当かどうかを確かめる。その確認がされると、男はこの日から夜だけ女の家に泊まることができます。

第二の儀式（デンチャン）

男の近親者が、前もって決められた日に特製の酒を持参し、父親に結婚式の日を決めてもらう儀式で、女側の親族が呼び集められます。

第三の儀式（ノルロン）

結婚式二日前に、女側の親族が集まり、嫁入り用の所持品について話し合い、誰が何をいくら贈るかを決めます。これは、女が自分の親戚一同に別れを告げる儀式です。

第四の儀式（ゲンゴト）

女側の結婚披露宴で、親族や村人が集まって盛大に祝い、男側からの迎えが来るのを待ちます。迎えの一行が着きますと、まずは村の入口で、そして家の入口でチャンを十分に振る舞って歓迎します。

「ヘーイギャロル（神に勝利を）」

迎えに来た一行はこう叫びながら、右手に握った米粒を空に投げあげてから家に入ります。家の中では互いを紹介し合い、女側が彼女の持参品目を読み上げ、最後にこう告げます。

「もし、彼女が離婚する場合は、これらの品目が彼女に戻されることを、ここにいる全員が承認して下さったものと思います」

女が離婚したい場合は仲介者を立て、結婚するために男が父親に払った僅かな金銭を返せばよいのです。離婚はお互いに自由なのですが、一妻多夫になることが多く、一夫多妻になることはほとんどないのです。

儀式が終わると、二日間にわたって飲み、食い、歌い、踊り、村人は迎えの一行を快くもてなし、二日目の昼過ぎ頃、一行を見送ります。

最後の儀式（ドンチャン）

迎えの一行が新婦を連れて戻ってきますと、親族、村人、友人、知人が参集し、新郎新婦の前に各自持参の酒だるを差し出して祝い事を述べます。

この新郎新婦の前に置かれた酒を〝ドンチャン〟と呼び、〝祝い酒〟とか〝迎え酒〟という意味です。集まった全員がこのドンチャンを飲み合い、丸一昼夜、一緒になって歌い、肩を組んで足音高く踏みならして楽しげに踊ります。

シエルパ族が、ドンチャンを飲んでどんちゃん騒ぎするのは、お互いの絆を確かめ合う儀式であり、男と女の結びつきを公式にする儀式でもあり、最大の娯楽でもあります。

・中央アジア

○クチ族の女の戦略

中央アジアに陸の孤島といわれる国、アフガニスタンがあります。中央アジアは、多民族、多文化、多宗教で、絶えず民族戦争に明け暮れ、戦闘力のある男中心的な社会を営み、古代のシルクロード時代からいろいろな国が勃興しましたが、栄枯盛衰が激しく、長くは続きませんでした。

アフガニスタンにはいまだに汽車が走っておらず、国民の大半は昔ながらの農耕民と遊牧民です。昔と変わりなく山羊や羊とともに移動する遊牧民の中に、ペルシャ語の一種であるダリー語で、〝クチ〟と呼ばれる少数民族がいます。

中央アジアの他の民族、たとえばアルタイ系牧畜民で騎馬民の末裔であるトルクメン、ウズベク、カザック族などの男の間で、クチ族の女たちを秘かに「荒野の情婦」と呼んでいました。

どこの民族をどう研究しても、男と女のかかわりを無視しては、文化も歴史も何一つ解明することはできないのです。人類は、男の戦いによって永続したのではなく、女の繁殖力と文化伝承力によって永続して来たもので、女の本質が民族の力であり、繁栄の象徴でもあったのです。

私は中央アジアの牧畜民と生活をともにしているうちに、アフガニスタンの北部に住む、クチ族の女たちが、何故に〝荒野の情婦〟と呼ばれていたのかを知りたくなったし、今もまだいるなら、彼女たちに会って現状を確認してみたかったのです。

一九七三（昭和四八）年八月初め、四度目のアフガニスタン訪問で、標高一，七七九メートルにある首都カブールから、ヨーロッパのドイツから持ち込んでいた自分の車で、ヒンズークシ山脈を越して北に向かいました。

ヒンズークシ山脈北麓にある町、マザリシャリフから平原を二五キロほど西へ行くと、中央アジアで最も古い町の一つであるバルフがあります。そこからさらに西に向かい、やがて舗装された道から南にそれ、道のない平原をしばらく走ると、クチ族の白いテント村が見えてきました。

マザリシャリフで数日間交渉し、やっと承諾してくれた案内人の指示で、テント村の中に車を乗り入れますと、若い女たちが車の周囲に群がったので、恐怖とは違う緊張感に襲われ、車から出そびれました。

案内人を先に行かせ、しばらく様子を見ていましたが、車に危害を加えるわけでもないし、車の周囲で珍しげに騒いでいるだけだし、何より娘たちが親しげに笑っているので、土産用にもって来ていたスモモやビスケット、甘い菓子などを手にして車の外へ出ました。男は一人もいませんでしたが、娘たちは積極的に手を出し、嬉しげな声を出し、私にすり寄って来るので、それぞれの手に土産物を渡してやりました。

ここはまさしく娘だけの村です。赤、青、緑、黄色などのゆったりしたワンピースのような服装で、下にはもんぺのようなパンツを身に着けています。頭には赤や青、桃色の布をかけていますが、顔を隠してはいません。娘たちの中には鼻が高すぎ、目が大きすぎてアンバランスな顔もありますが、大半が美形で、着ている物もきれいです。

これまでに訪れたクチ族のテント村では、娘はいなかったし、子どもや女の衣服は破れたり汚れたりでひどいものでした。しかし、この村の娘たちは、新しい衣服を身につけ、表情は明るい。何より人見知りしないし華やかな雰囲気で、私を受け入れてくれています。

クチ族の娘は、初潮年齢の一二、三歳になると、家族を離れ、結婚するまで女だけのテント村で生活する習慣があります。通訳のアフガン人の話では、年頃の娘が一番恐れるのは、父親で、娘の最初の男はたいてい父親か兄弟であったそうです。それを避けるために、娘たちは家族から離れるのだそうです。

クチの男たちから離れて集団で暮らす娘たちは、他民族の男たちから金品や物をもらって生活しがちなのですが、結婚はクチ族の男としかしないそうです。

クチ族の娘たちは、かつて中央アジアの平原で巨大な力をもっていたトルクメンやウズベク、カザック、キルギスなどのトルコ系民族の男にしか体を許さなかったと言われています。私は、日本人ではなく、中央アジアで生活をともにしたことがあり、少々言葉のわかるトルクメンの男になりすましての潜入です。

彼女たちは、他のイスラム教徒の女性のように、チャドル（頭からかぶる上着）を被ってはいません。男に対して顔を隠す風習がないので、平原の男たちにとっては大変魅惑的なのです。

中央アジアの乾燥した大平原では、男は家畜とともに大地を広範囲に歩き回り、女はテントの中で乳製品や羊毛製品を作る仕事に分かれていますが、クチ族の男たちには、この村の場所は知らされていないのです。

クチ族の男としか結婚しない女たちは、一度結婚すると男の所有物的になりますが、未婚の間はクチ族社会の共有物のような存在で、他民族の男たちから貢物をもらうことは、厳しい自然環境で暮らす男たちにとっても役立つことだし、何より新しい血が入るので、少数民族にとっても都合のよいことなのです。

一度戦争が起これば、敗者の男たちは虐殺されがちですが、女が殺されることはめったにありません。生活文化の伝承者である女が生きている限り、民族の文化は続きますので、二、三世代後になると再び土着文化が芽生え、侵略者、勝者の立場は追放され、いつの間にか、女たちと同じ文化の男たちばかりになるのです。

厳しい自然環境と、戦闘に明け暮れた時代の流れの中で、自分たちの民族の歴史を一枚の絨毯の絵模様におり続けるクチ族の女たちは、父親がどこの誰であれ、自分が産んだ子どもを、クチ族に育て上げる宿命を背負っているのです。

クチ族の男たちは、他民族に侵略されると、女や子ども、老人たちを置き去って逃げ、戦うことはしないのです。さもないと、少数民族で戦闘力の弱かったクチ族は、戦闘力の強かった騎馬民族の足下に踏みにじられ、たちまち土くれと化していたに違いないのです。また、麦作を中心とする農耕民族の粘り強い社会に押しつぶされ、もうとっくの昔に遊牧する権利を失っていたに違いありません。

〝荒野の情婦〟、それは、戦乱の絶えなかった中央アジアで生き延びるための、少数民族クチの社会生活の知恵であり、長い間民族を支え続けてきた、女たちの最大の戦術であり、最高の戦略であったのです。

○アルタイ系牧畜民の結婚と夜這い

イラン北部にあるカスピ海東部に、関東平野の半分ほどのゴルガン平原があります。そこに、アルタイ系牧畜民のトルクメンが、牧畜業を営んでいます。

私は、一九七一〜七五（昭和四六〜五〇）年に、四度トルクメンの村を訪ね、彼らと生活をともにしました。

五月八日の朝、私が滞在していましたバハルケ村から西へ一五キロ離れた、ガラモハメドタッペ村へ、通訳をしてくれていましたヌルハーンと車で結婚式を見に行きました。

ガラモハメドタッペは、レンガ造りと土作りの家が多く、アンパン型の移動式住居である〝ウイ〟は二張りしかありませんでした。新郎の家は村の中央にある広場近くにありました。

「花嫁を迎えに行きましょう」

知人と話していましたヌルハーンが、私のカブトムシ型の車フォルクスワーゲンのバックミラーに、緑色の布（迎えようの車の印）を結びつけながら言いました。

小型トラック一台とジープ三台の後に、私の車が続きました。昔はラクダで迎えに行ったそうですが、今では迎えの車が多いほど金持とされているそうで、ゴンバットの町からジープやトラックをチャーターするのだそうです。

約四キロ北東の、花嫁の村アバダンタッぺは、ゆるい丘の上にありました。すでに村人が沢山集まっていて、女性たちはカラフルなコーネックと呼ばれるワンピースを着、頭からチャラガッと呼ばれるショールを垂らしています。

花嫁を迎えに行った男たちは、全員花嫁の家に入りました。女もいたはずなのに一人もいません。我々が座ると紅茶とカラフルな飴玉が出されました。隣室では一〇数人の中年の男たちが話し合っています。

「アフン（イスラム教の導師）が花嫁の父親とお金のことについて話し合っています」

ヌルハーンが耳打ちしてくれました。

「お金はどのくらい払うのだろうか」

「たいてい羊六〇頭分です」

日本式に表現すれば、結納金が羊六〇頭分ということになります。アフンは先ほど紙幣を数えていましたが、今は周囲の男たちと笑って話していますので、もう支払いは済んだのでしょう。

一人の女性が嫁ぐ最後の話し合いは、アフンを仲介者として両家の男たちだけで行われ、やがて男たちが私たちの部屋に入って座ると、大皿に山盛りされたチョクトルメと呼ばれる、羊の肉とレーズンと米を一緒に煮込んだ飯が運ばれました。室内でも庭でも、大皿を囲んで五、六人ずつが輪になって、手づかみで食べ始めました。

これから花嫁を連れて帰るのですが、どこにいるのか見当たりません。家から一〇〇メートルほど離れた所にウイが張ってあり、その前に男が三人立っていました。彼らは見張り役で、男は誰れも中に入れず、迎えの女だけを入れています。

ウイの中から、女たちのわめき合うような大声が聞こえてきました。何でも、花嫁に姉がいたら、いくばくかのお金か物を与えないと妹を渡してくれないそうです。しかも、ウイの中の花嫁の周囲には、村の女たちも座っていて、これもまた花嫁を捕まえてなかなか渡さないそうです。

迎えの女たちと、花嫁側の女たちがもみ合い、つかみ合い、わめき合いながら、花嫁を奪い合うのが習慣だそうです。

しばらくして、女たちがウイから走り出ました。チョルショと呼ばれる絹製の結婚式用ショールを頭からすっぽり被った花嫁を、女たちが両脇を抱えるようにして、先ほどの家に向かって走りました。

随分乱暴なやり方ですが、略奪結婚の名残かもしれません。しかし、迎えに来た人たちと村人たちが花嫁を奪い合ったり、花嫁を村から連れ帰ろうとするとき、村人が棒で殴りつけたり、物を投げつけたりするのも、他所へ嫁ぐ者への愛情表現なのかもしれません。

午前九時過ぎに新郎の村へ戻りました。出発した時よりも多く、三、四〇〇人もの人が集まっていましたが、若者が多くいました。

花嫁が着いて間もなく、大皿に盛られたチョクトルメが振る舞われました。庭には十人前後の車座が何組もできていました。

皆がチョクトルメを食べ終わる頃、三か所の足場の高い所から飴玉やビスケット、ドライフルツ、それにスプーンやフォーク、果物などが、日本の餅投げのように投げ与えられました。集まった人は子どもから老人までが、それらを拾い合って大騒ぎになりました。

しばらくして、今度は、一人の中年の男がカラフルなハンカチを、沢山手にして何事か叫び始めました。すると、中年以上と思える男たちが、五〇リアル（約一七〇円）紙幣でそのハンカチを買い始めました。

「ゴルシア（角力・すもう）が始まります」

ヌルハーンに促されて、広場に行くと、数分もしないうちに、直径一〇メートルほどの円陣ができました。ハンカチを売っていた男が中央に出て、口早に何か叫びました。

ゴルシアに参加する若者たちが円陣内に次々に入りました。皆裸足で、ステテコのようなパンツをはき、シャツを着て、腰に太めの紐を巻いています。二人ずつが初めからがっぷり組み合い、お互いに腰ひもを十分に引き合ってから、倒し合いを始めました。

ゴルシアと呼ばれるこの日本の相撲に似た角力は、土俵がないし、行司もいません。手や肩、ひじ、すねなどが大地に着けば負けになります。力づくでねじ伏せるような勝ち方が多く、足技は少ないのです。

ゴルシアの勝者には、世話役からハンカチの売上金の一部が、賞金として渡されます。若い男たちは、この金一封が欲しくて近隣から集まっていたのです。日本の奉納相撲と同じように、お祝いのために行われたゴルシア大会は、結婚式最後の最も華やかな儀式なのです。

トルクメンの結婚式は、たいてい午前中に終わります。新郎新婦は、結婚式当日から二、三日またはー週間同棲した後、新婦は二年間も実家に戻る習慣があります。しかし、この数日間に新婦が懐妊していれば、女が実父の傍で子を産むことは恥とされていますので、すぐに夫の元へ返されます。懐妊しなければ、夫は形式的には二年間待たなければなりません。

「彼らは何歳？」

「新郎が一九歳、新婦は一六歳」

「知り合いだったのだろうか」

「とんでもない、親が決めたので、お互いに顔を見たこともないはずです」

「夫は実家に戻っている妻には会えないの？」

「正式にはだめです。二年間会ってはいけないことになっています。しかし、その間、指をくわえて待つ男はほとんどいません」

「どうするの？」

「夜、それも秘かに会いに行くのです」

「会えるの？」

「会えます。しかし、妻と妻の母親の協力が必要です。あらかじめ、父親にいろんな用事を作って、家の外に出て行ってもらうのです」

「出て行かなかったら？」

「会えません。もし会っている現場を父親に見られますと、どんな罰にも甘んじなければならないのです」

ヌルハーンは楽しげに話してくれましたが、若い男にとっては大変な試練のようです。

男が夜、密かに女に会いに行く行為は、日本では〝夜這い〟と言います。娘を厳しく監視しているのは父親だけなので、他の家族をいかに抱き込むか、若い男にとっては、義父との知恵比べ、度胸比べでもあります。

「夜這いは何度でもするの？」

「そうです。たとえ父親に見つかって、叩かれ、蹴とばされ、傷ついても、です。」

「二年間で一度も成功しないこともあるのだろうか」

「あるでしょう。しかし、普通の男なら、一日でも早く取り戻そうと努力します」

トルクメンの社会において、男が一人前になるための登竜門が、夜這いなのかもしれません。

「子どもさえできればいいわけなんだ」

「そう、そうなんです」

ヌルハーンは、経験者のようなもの知り顔で言いますが、まだ一八歳の独身者です。

トルクメン語で、〝独身〟を〝ウイランマディック〟と言いますが、ウイがないという意味です。

男は結婚して妻が自分の傍に居付くと、たいてい一軒の家または一張りのウイをもちます。夜這いをしなければならない間は、まだウイランマディックなのです。

・北欧、女の性と愛

北欧のスウェーデンの国土面積は、日本の一・二倍もありますが、総人口は日本の一五分の一くらいです。今から五〇年も前の一九六五年には八〇〇万人でしたが、今でも僅か九〇〇万人です。

第二次世界大戦後のスウェーデンは、第一次、第二次世界大戦に参戦しなかったこともあって世界一豊かで、完全保障社会でした。そして、今から四、五〇年前には、他国の男性たちがフリーセックスの国だと言っていました。

私は、一九六五年九月から約五カ月間、首都のストックホルムに滞在していました。日本人はまだほとんどいませんでした。

私がストックホルムで会った二八歳の女性は、高校を卒業してかなり教養もありましたが、女性は決してフリーセックスではないと強く否定していました。

スウェーデンはよくフリーセックスだと言われていましたが、彼女たちはそんな風には考えていませんでした。それは他国の事情を知らない男性からの表現だが、女性の合意がないとセックスはできません。日本では女性は受け身であり、犠牲的であり、すべて男性に責任がありがちなのですが、スウェーデンの女性は、好きな男性なら積極的に求めることがあるので、男の犠牲的な感覚や立場ではないのです。

スウェーデンの女性は、好きな男性とならばセックスを積極的に求めてもよいと言いますが、誰でもよいわけではないのです。もし、子どもができても、人口増加を進める国が保障をしてくれます。それに日本のように私生児とか非嫡出子などという社会的偏見がないのです。だから、父親が外国人であろうがなかろうが、スウェーデンの女性から生まれた子どもは、スウェーデンの子どもであることに変わりはないのです。

私が初めて民族の生活文化を調査したのはストックホルムでした。当時、完全保障社会であったスウェーデンの老人の自殺率が世界一でしたので、その理由を知りたくて、街頭や公園などいろいろな所で老人にインタビューをしたのですが、彼女の協力があって助かりました。

彼女は、私の質問には臆することなくたいてい答えてくれ、スウェーデンの人口が増えがたい理由を、次のように説明してくれましたが、医学的に証明されているわけではないそうです。

スウェーデンは緯度の高い北の国で、一年の半分以上が暗くて寒い日が続きます。男は寒いときや驚いたときなどには睾丸の袋が縮まって、玉が体内の穴の中に入ってしまいます。年をとって腹筋が弱くなると、その穴から腸が出てくることがありますが、それを脱腸、ヘルニアと言います。

女性にはヘルニアはないのですが、男性老人の約三分の一はヘルニアになります。それを日本語では〝鼠径ヘルニア〟と言います。精子を製造する睾丸の玉がその穴の中に入っているときは、精子の製造能力が弱くなってしまいます。そのため、北国の寒い地帯の男性の繁殖力が弱く、なかなか人口が増えがたいのだそうです。卵巣が体内に入っている女性は寒暖には関係ないそうです。

南の方の暖かい国の男は、睾丸の袋の中に玉がいつも垂れ下がっているので、精子の製造能力が高くなるそうです。髪が黒くて褐色の肌をした南国的な男は、繁殖力が強いのだと言います。スウェーデンの女性からすると、繁殖力が強いと思われている、南国の男の特長である黒髪や褐色の肌に性的魅力を感じるそうですが、日本の男性も魅力的だと言います。

緯度の高い北欧では、太陽の光が弱く紫外線の量も少ない。ビタミンDの生成に必要な紫外線が少ないと、メラニン色素は邪魔になるので、白い肌になります。南欧やアジアでは、紫外線の量に適応して、メラニン色素を増やしたため、肌が褐色になっています。体内で必要なビタミンDの九五パーセントは、紫外線を浴びることによって作られるそうなので、肌の白い北欧の女性からすると、小麦色とか褐色の肌の男は、健康的で精力的に感じられるのでしょう。

日本の男性には理解しがたいことですが、彼女たちの欲望は、気温は寒くても物質的に豊かな国に生まれ育っていますので、社会的な不安が少なく、大らかな気持ちで、積極的に力強く生きようとする本能なのかもしれません。

今日の日本の若い男性は精子の数が少なく、繁殖力が弱いと言われています。よく食べ物のせいだと言われますが、どうも冷暖房つきの生活環境が多く、夏の暑いときでもクーラーが入って涼しいので、玉が体内の穴に入りがちで、精子の製造能力が低く、繁殖力が弱くなっているのではないでしょうか。彼女の説によりますと、冷房のせいかもしれません。

寒い北国のスウェーデンは、産めよ増やせよの国策で、人口増加に熱心なのですが、この半世紀もの間に僅か一〇〇万人しか増えていません。しかし、日本では何と数千万人も増えています。フリーセックスと言えばみだらなようですが、社会的価値観の違う立場での表現には、誤解が生じやすいのです。自然や社会環境に適応するための国策である、人口増加にもかなうし、女性が魅力的な男性には性欲を感じる感性は、北欧の生活文化のようです。

彼女たちは、ただセックスがしたくてしているのではなく、まず相手に好感をもって好きになることだと言います。好きな男性とであればセックスをしても何も悪いことではないので、まず好きになることです。彼女にとっては好きと愛は別の感情で、愛すれば結婚し、好きになればセックスをするのですが、その何がフリーで、何が悪いのだと言います。

一般的にスウェーデンでは、女性は一四、五歳で異性と関係をもち始め、早いと一七、八歳で結婚をします。しかし、二〇歳前後で離婚する者が多くいます。その後再婚するまでの女性は、好きになった男性とは肉体的関係をもちやすいのです。そして、三〇代中頃に再婚する人が多いのです。

完全保障社会のスウェーデンには、このような若さを謳歌する人生観や社会的価値観をもっている女性が多いのですが、家族の絆が弱く、他人にあまりかかわらない利己的な人々や、アルコールに溺れる人が多くいました。そのせいか、完全保障社会でありながら、不安で孤独な老人が多く、自殺率が高かったのです。

五　道徳心と老後の生きがい

人間が人間らしくあり続けるためには、人文科学的な教育人類学の見地から、生きる喜びや生きがい感がもてる教育のあり方を考察することが、いつの時代にも重要なことです。それには、日本の日常生活に必要な生活文化を身につけることが必要です。

しかし、生きる喜びや生きがいを実感するのは、夢中に生きている若い世代ではなく、たいてい五、六〇歳代を過ぎてからの老い先短い老人の身になってからなのです。特に老人と呼ばれる経験知の豊かな人ほど、生きがいや納得できる心境を求めがちなのです。

そこで、長く生き抜いてきた老人の、生きがいや納得する心境を類推し、社会が安定、継続するに必要な文化遺産としての道徳心のあり方の一例として、これからも変わりなく必要な若者の〝敬老精神〟と、老人のあり方や生きがいについて、生老百年の観点から考察してみます。

1　危機管理能力としての生活文化

・生活文化を軽んじた世代

日本は世界の中でも自然環境に恵まれた国の一つです。周囲を海に囲まれ、稲作などの作物以外にも四季ごとに食料がやってきます。それを定住して待ち、集団で獲り、加工したり保存して食べるのです。それからすると、日本の文化的特徴は、待ちと工夫と忍耐なのです。しかも、集団的で冒険心は弱く、行動範囲も比較的狭くなっていました。

それでは、自然環境が厳しい大陸ではどうかと言えば、遊牧民、狩猟採集民にしても、自然の時を追いかける生活なので、大変挑戦的で冒険心に富んでいます。しかも自然環境が厳しいので、競争が激しく、闘争的、行動的で、利己的、欲望的なので、社会は不安定でもあり人口はなかなか増えませんでした。

比較的自然の豊かな日本の人々は、待ちと工夫と忍耐の文化なので、どちらかと言えば、行動力が弱く、穏やかで、協力・協調性があり、道徳心が篤く信頼心を尊び、卑怯なことを嫌ってきました。

海の幸、山の幸、川の幸の豊かな日本では、集団的思考が強く、思いやりや分け合いの心使いの精神がありますので、少々我慢をすれば、今でも一億人くらいは自給自足で生きられます。

地震や津波、火山や台風も乾燥、暑さ、寒さ、湿度も自然現象なので、これらを恐れては元気によりよくは生きられません。人類は自然の厳しさによって生活文化を培ってきましたので、いついかなる時代にも、こうした自然現象に対応する知恵と体力、精神力を身につけておくことが必要なのです。

人間は、生存手段を超生物的な文化によりますので、それを生後に身につけるような大変弱い裸の状態で生まれ、生後の学習によって社会的によりよく、より強く育つのです。そのため親や大人は、社会的義務として、よりよく生きるに必要な生活文化を、幼少年期の一四、五年間も教え、伝えてやらねばならないのです。

いつの時代も、動物的人間から社会的・文化的人間になるためには、大人からの、特に家庭における親からの刺激、訓練（伝承・教育・しつけ）が必要であり、子ども自らの学習がなければならないのです。しかし、物事をあまり知らない、生活観や価値観の定まらない未熟な子どもに、自主性、主体性、積極性、個性などと言って、何でもかんでも自分のやりたいようにやらせようとするのは、自信のない親、大人の逃げ口上なのです。子どもにとっては何でも自由気ままにできるのは都合のよいことですが、社会的にはよりよい社会人になるための見習い学習の心得をなくするとともに、見本のない生き方に不安を覚えるのです。そうした子どもが成長して利己的な人が多くなりますと、社会の安定、継続が保てず、やがて内部衰退を起こします。

　子どもは、いつの時代にも大人に近づこうとしてまねをし、迷いながら成人して、自分たちの時代性を形成ゆくものですが、戦後の大人は、物質的欲望が強く、社会規範を失って子ども以上に迷い、悩んでいましたので、見習う目標にはなろうとせず、自分たちとは違った社会性、文化性を身につけさせようとしていました。そのため、戦後一世の昭和二二年から三九年頃までに小学校に入学した人たちは、実社会にまだ教育力がありましたのでよかったのですが、日本が豊かになりかけた東京オリンピック大会翌年の、昭和四〇年以後に小学校に入学した人たちは、家庭や社会に教育力がなくなりかけていましたので、よって立つ生活文化を知らされないままに育ち、社会化されることが少なく、自立心をもった社会人になろうとする人が少なくなったのです。そして、祖父母の世代の戦争責任をまるで外国人のような、特にアメリカ人のような立場で追及し、非難する人が多くなったのです。

　大人に見本を求めて近づこうとしなくなった昭和四〇年代からの子どもたちは、自由気ままに育ち、物質的欲望の強い利己的な人が多くなりました。そして、多くの人が、自立心が弱く、社会的規範よりも利己的な欲望が強く、社会意識が乏しく、守られる立場の自由、平等、権利を主張することが日常化しました。そのため、家族の絆や利他的な心情が弱くなり、金権主義や利己的で幼稚なモンスターペアレント的な人が横行闊歩するようになりました。

・生活文化による自立心

私たち人間の自立心にとって重要な、活力や創造力、忍耐力、判断力、行動力などは、少年期に多くの実行実例を併せもつことによって培われるもので、受験用の知識の詰め込みによって身につけられるものではないのです。しかし、そのようなことを知らしめる人が少なかったため、現実的には社会人になろうとしない、なれない自立心の弱い人が多くなっています。

たとえば、社会的善としての道徳心を、個人の好き嫌いの感情で判断したり、親の義務である家庭における〝しつけ〟を、学校の先生にさせようとしたり、独善的な自己主張だけして他人の言葉に耳を貸そうとしなかったり、会話がうまくできなかったり、協調性が弱かったり、理解力、表現力、応用力の劣っている人が多くなっていることです。

人間は社会に共通する生活文化としての言葉が十分に理解できないと、社会人としてよりよく、楽しく生活できませんので、国語教育に熱心でなければならないのです。それを怠ると人心は乱れ、生きがいを失い、生活文化の共有が弱くなり、社会は活力を失って徐々に衰退していきます。

私たちは、言葉によって価値観、善悪、好き嫌い、感動などの感情や生きがい感などが培われますので、社会の後継者を育成する上にとって最も大切なことは、遊びや自然、生活体験などの集団的体験活動を通じて、国語としての言葉をしっかり身につけさせることです。

私たち人類は、多くの動物の中で最も無力、弱い状態で生まれます。しかも生後一〇年以上もしないと一人立ちできないので、長い間誰かの保護がないと生き延びられません。その代わり、他の多くの動物よりも長命で、適応能力や応用力が強く、今では七、八〇年から九〇年も生き続け、肉体的にも大きく強健になります。

その適応能力としてまず挙げられるのは、他の動物よりも好奇心が強いことです。好奇心をもちますとそのことを確かめようと行動を起こします。行動には必ず結果があり、それがよかったか悪かったかを考える、脳における思考力が働き、よければさらに続けて前に進み、悪ければその理由を考えて反省し、次には失敗しないように工夫したり、訓練をして、よりよい結果を得ようとします。

その行動の結果がよかったか、悪かったかを考えて判断し、よかった、よくなったと判断する力によって納得が得られ、それを他に伝えたり、知らせたりしようとする社会的な使命感を覚えるようになります。そうした生活文化の学習行動の後にやってくる知的欲望は、独立するための自立心を高めます。

私たち人間は、自分が行動して得た結果に対して納得しますと、自分以外の人に伝えたり、知らせたい欲望に駆られますが、うまく他人に伝えられますと、満足感や幸福感を覚えるものです。しかし、行動しなければ結果が何も得られませんので、社会意識が向上せず、不満、不安、不信などが高じて孤立化しやすくなります。

私たちは、自分以外の人間との切磋琢磨によって、自立心や適応能力を高め、弱い状態からより強くなろうと努力、工夫し、生活の知恵としての文化を培ってきました。そして、より高い状態の人に近づこうと行動をまねたり、教えを請うたり、積極的、意欲的な行動をする向上心の強い動物です。

・道徳心は社会的危機管理能力

私たちは弱い状態で生まれ、生後の見習い体験的学習や努力、工夫、訓練などによって、社会的により強くなる動物ですが、日常生活で絶えず危険な状態や思いがけない困難に出会います。そのような危ない場合に、より安全に素早く対応する知恵、力を〝危機管理能力〟と呼んでいます。

危機管理能力には、自然的、社会的、経済的、集団的、防衛的などいろいろあります。一般的には、経済的、防衛的な危機管理能力が、個人的、集団的、国家的に論じられていますが、ここでは、個人的な日常的心の保障としての安心、安全が感じられる、自然的、社会的危機管理能力とします。

ここで言う自然的危機管理能力とは、自然とともに生きる人間に必要な自己防衛能力としての〝勘〟のことです。人間がよりよく逞しく生き抜くためには、知識や技能よりも先にまず勘を身につけていないと、自分を守ることができないし、他人を守ることもできないのです。しかし、豊かな科学的文明社会に暮らす今日では、その必要性をあまり感じなくなっています。それでも知っておく必要のあることは、勘を身につけることによって、経験知としての〝技〟や〝こつ〟が磨かれるとともに、〝応用力〟や〝判断力〟が培われることです。

勘の鈍い人は、いかなる知識や技能を身につけても応用力に欠け、現場においての判断力や行動力が弱く、なかなか上達しません。何より、とっさの判断力に欠けますので、失敗しがちで、心身を守れないことが多くなるのです。

私たちが、日常の社会生活をよりよく、スムースに営むために必要な知恵としての社会的危機管理能力とは、〝道徳心〟のことです。

人類は古代から社会生活におけるさまざまな体験を経て、まるで闇の恐怖から逃れるために、徐々に文明の利器・灯明を開発、発展させ、闇を次第に征したように、多種多様な人が集う社会生活の不安や恐怖から逃れるために、長い歴史を経て、徐々にお互いの了解事項としての規則や掟、慣例などを定めて、協力、強調し合ってきました。その古くから培われてきた暗黙の了解事項を守って、社会生活を不安、不信、不満にさせない知恵、心がけを〝道徳心〟と呼んでいることはすでに記しました。ところが、一八七九年にトーマス・エジソンが電球を発明し、人間が闇を征して、闇を経験することがなくなると、神や仏、道徳心などの必要性を感じなくなったのです。そのため、怖いものがなくなり、驕り高ぶった人が多くなっています。

動物としての人間には、今日のような夜も明るい文明社会にどっぷり浸かって驕り高ぶっていても、心の奥底にはまだ闇を恐れる心情があり、物質に恵まれた豊かな生活をしていても、どこかに飢餓の不安や他人への不信、そしてさまざまな社会現象への不満を消すことのできない本質があります。

文明の利器は、日常生活をよりよく快適に、便利にするためのものであって、自立心を弱くして人間性を変えたり、失わせたりするためのものではないのです。そのためには、社会生活に必要な文化遺産でもある生活文化としての道徳心の共有化を促し、社会性を豊かにして、安心できるように努力することが重要です。

何より、社会的危機管理能力としての道徳心は、学問や教育のために必要なのではなく、日常生活や他とともに行動する現場で、安全、安心を保つために必要な心がけであり、心得なのです。

ここでの道徳心とは、社会生活に必要な基本的能力としての生活理念で、その心得が人を謙虚にさせ、思いやり、共感、協調の心を芽生えさせるのです
人類が培ってきた生活文化の一つである道徳心は、日常生活に必要な心得で、いざという時に最も役立つ社会的危機管理能力でもあるのです。

2 長寿者の生きがいと道徳心

・生老百年としての「壽」

人間は、死んで土になると自然に戻り、神秘的な自然は神として崇められる、と考えた、古来の日

本における稲作農耕民にとっては、自然と先祖はほぼ同じものでした。

自然の営みの中でしか生きることのできない稲作農耕民たちは、自然の偉大さ、怖さ、豊かさを全身に感じていました。自然なる先祖の霊は、まさしく神であったのです。だからこそ、毎年新しい米を収穫するたびに、新穀を祖霊に供えて共食する新嘗めの儀式をし、感謝の祭りをしたのです。

祖霊とは、家族または血縁集団の祖先の霊魂のことですが、生者との相互依存関係にあり、生者の保護と農産物、特に稲の豊穣を恵み、さらに反社会的行為には罰を下し、生者たちの秩序の維持までも図ると考えられていました。このような祖霊を最大限に利用する知恵として、天の神への使者とする願望が、祖霊信仰という稲作文化の一つを創造したのです。

そうした祖霊信仰の社会組織においては、古代から、人が百年以上も逞しく生きることを願望し、一〇〇歳以上は神の世界、すなわち〝仙人〟とみなしてきたのです。しかし、古代においては百歳はまれなので、一般的には六〇年以上も元気に生きた先祖の霊は、神への使者としての力が十分あり、子孫にとっては頼もしい存在であったのです。

私は多くの民族と生活をともにしたことがありますが、だいたい親という人の年齢は二〇、三〇、四〇代が多いのです。その親の世代は、家族を養わなければならないので、生活に余裕がなく、また多忙なので時間的にも余裕がなく、人間的にもまだ未熟で、子どもを教育することは難しかったのです。

働いている親は、昼間は家族から離れがちですが、いつも子どもたちの近くにいるのは五〇代以上の年長者である老人でした。これは世界的、人類的なことですが、その老人である祖父母の世代が子どもたちと接して、いろいろなことを教えていたのです。

人生五〇年などと言われた古代から、人が六〇年以上も逞しく生きることは、大変な努力と工夫が必要であり、その逞しく生きた〝生命力〟にこそ、多くの若い人が憧れ、生き方を見習い、生きざまに畏敬の念を抱いたのです。

文化伝承は刷り込み現象になりがちなのですが、日本でも五、六〇年前までは、一五歳頃までの子どもは、地域の年長者、老人からいろいろなことを学んでいました。そのため、青少年期の若者たちの心に、老人に対して自然に感謝と信頼の気持ちとしての心使い〝敬老精神〟が芽生えていたのです。三つ子の魂百までと言われますが、身近な生活文化の伝承は、まず父親よりも母親によることが多いのです。そして、社会的な生活文化の伝承は祖父母、老人からなので、人類社会においては〝文化は隔世伝承する〟とよく言われていたのです。

ところが、文明的に発展した今日の社会では、母親が労働戦士化し、子どもたちは早くから保育園や幼稚園に預けられ、核家族で祖父母は近くにいないし、老人は生涯学習などと言って、自分たちが学んだり楽しんだりすることしかしなくなっていますので、子どもたちへの文化伝承がなされなくなっています。

そんなこともあって、親子の絆は弱くなり、老人に対する〝敬老精神〟は希薄になるばかりで、長寿者の存在感が不明になり、その社会的な祝い事〝壽（ことぶき）〟の意味する文化的なことが、わからなくなっているのです。

〝ことぶき〟という漢字は、今は〝寿〟と簡略化されていますが、本来は社会的なお祝いごと、特に先祖の長命を祝う言葉で、生老百年を意味する非常に複雑な文字なのです。

私は、今から四〇年ほど前に、南中国の海南島に行き、首府海口の〝五公祠〟にあった石碑に大書されていた立派な文字を見ました。それは一見古い漢字の〝壽〟に見えましたので、係員に尋ねましたら、〝生老百年〟と重ねて書いてあると教えられました。

中国大陸南部の稲作文化社会においては、六〇歳以上の長寿であった先祖の霊力に頼る習慣があり、先祖霊を敬っていたのです。そこから祖霊信仰が発達したようで、家族にとってはめったにない百年も生き続けた先祖の強い霊は、神にもなると考えられました。

本来の〝壽〟とは、〝生老百年〟の四文字を重ねて書いたものだそうで、長寿を意味しており、一〇〇歳まで生きることが最もめでたいこととされた、お祝いの言葉を文字にしたものだそうです。人間は一〇〇歳まで生きることが一番めでたいことで、一〇〇歳以上の長寿者は、神の世界に入るのだそうです。

『生老百年』の拓本

その碑文の拓本を買って帰り、大きな掛け軸にしているのですが、日本人にそれを読ませますと、一〇〇人中一〇〇人が〝ことぶき〟と読みます。

私は高知県西部の宿毛市出身ですが、もう二〇数年前、私が南中国の湖南省で野生稲の調査をしている時、一〇二歳で祖母が亡くなったのです。私は葬儀には帰れなかったのですが、後日、父親からの伝聞によりますと、祖母の葬式は紅白の幕を張って、紅白の紐で棺を引いて墓地へ向かう、お祝い行事であったそうです。

私は、〝日本の稲作文化の源流を求めて〟を大テーマにして、長くアジアの諸民族の調査をしていたのですが、稲作農家である我が家に、一〇〇歳以上の死者の葬儀は祝い事で、その霊は神の世界に入るなどという風習があったことなど、一〇〇歳以上も生きた人は周囲にいなかったので（当時の日本に一〇〇歳以上はまだ数千人もいませんでした）、聞いたことも見たこともなかったし、ついぞ知りませんでした。

ところが、二〇一六（平成二八）年九月現在の日本には、一〇〇歳以上の老人が何と六五，六九二名もいるそうで、人類史にとって大変珍しいことであり、こんなめでたいことはないのではないでしょうか。しかし、豊かで平和な長寿の国、日本に住む若者、いや老人までもが日常生活に納得することなく、生きがいを失いかけているのです。しかも、若い世代における道徳心としての敬老精神が大変希薄になっているのです。

・文化の隔世伝承と敬老

私たちが人として生きているということは、社会に拘束されているということです。つまり、人は決して一人で生きていけないので、社会を信じるしか人として生きる道はないのです。

人が社会的に生きるとは、模倣と訓練によって生きるに値すると思われる道徳心や風習、言葉などの生活文化を習得し、己を強くして心を開いて楽しく暮らすための社会を信頼することなのです。それは、誰かのそばにいると安心・幸福・満足な気持ちになれるという信頼心によることです
私たちは、先祖たちの経験や生活文化を引き継いでいます。その歴史的社会において、引き継いできた生活文化を、この世に残そうと努力、工夫しない老いた人は〝老人〟とは言えないのです。

ここで言う老人とは、単に年齢を重ねた肉体的特徴を意味しているのではなく、社会の知恵者としての、文化的意味をもった社会人の状態を意味する言葉なのです。

社会における〝敬老の心〟は、古代から老人たちが次の世代を継ぐ青少年に生活文化をしっかり伝えることによって起こる、若い世代に自然に発生する心使いとしての感情、道徳心なのです。

〝仙人は悪いことをしない。いつも穏やかに振る舞い、物事には公平で、私たちが困るといつも助けに来る。その容姿は、白衣を身につけて白髪で、長寿の仙薬を瓢箪に入れて杖に吊るしている。大きな山の頂上近くに住んでいるが、住居、飲食物や衣類などにはあまりこだわらず、一人で禁欲的に生活している。ときには、山里に降りてきて、ごく普通の老人の姿で、飄々と歩いている〟

私は、そんな〝仙人〟を伝説や物語の中でよく聞き知っています。しかし、まだ一度も会ったことはないのですが、それらしき老人を見かけたことはあります。

人が死ぬと肉体と魂に分離し、霊力の強い魂は天界に還り、住まいを深山幽谷とする考えがありま

す。そして、その考えによりますと、天界に浮遊する魂が形をなしたのが〝仙人〟なのです。人は、生まれて病み苦しんで、悩んで、老いて、やがて死にます。そして、六〇年以上も長く生きた人の霊魂の中には、子孫の要望に応える力のあると思われる祖霊があり、その姿が〝仙人〟であり、〝神〟となるのです。

祖霊とは、家族または血縁集団の祖先の霊魂のことです。それが生者との相互依存関係によって、祖先崇拝が強く表れる社会状態を〝祖霊信仰〟と呼んでいますが、本来の稲作文化を中心とした日本は、〝神道〟と呼ばれる土俗的な祖霊信仰の国であったのです。

古来、生命力の強い知恵ある老人が、青少年に惜しみなく知恵を与え、現世に残していこうと努力するがゆえに、子どもたちの感性に、〝老人→仙人→神〟としての、愛と温もりと畏敬の念が芽生え、敬老の心が自然に強まっていったのです。ですから、人間の老いる姿は、子孫がよりよく生きるための努力と工夫の過程であったのです。

今日の豊かな社会生活において、人生八〇年や九〇年となって、高齢者と呼ばれる長寿者が多くなっていますが、たとえ元気でも六五歳、少なくても七〇歳以上は社会的に老人なのです。先にも記しましたが、ここで言う老人とは、多くの経験や知恵としての生活文化の豊かな人を意味する、社会的な用語なのです。しかし、残念なことに今日の高齢者たちは、社会意識が弱く、七〇歳や七五歳を越しても〝老人〟と呼ばれたくないと言っています。彼らの多くが好んで使うのは〝熟年者〟ですが、それは社会意識の弱い個人的な言葉なのです。

社会の高齢者が個人的な熟年者意識による自覚だけで、社会的な老人としての文化的伝承の役目を果たしていなければ、彼らは社会意識が弱く、道徳心の薄い文化的泥棒なのです。

人間の生き方はさまざまですが、最も容易で低俗な生き方は享楽的です。無教養で貧しい人々にとっては、道徳心や倫理観は、腹の足しにも、何の役にも立ちません。彼らは欲しい物は盗んででも、相手を殺してでも手に入れようと考えます。

日本は、これまで世界に例のないような信頼社会で、道徳心が篤く、泥棒が少なく、詐欺や賭博も少なく、あらゆることに頑張る人が多かったのです。しかし、今では、頑張らない平等主義と個人的欲望を満たすための金銭的価値観の強い、享楽的文明社会と化し、泥棒、詐欺、賭博的事業が多く、殺人・自殺も多くなって、道徳心が地に落ちています。

こんな不信的な社会状態では、多くの人が歴史的社会に生きる自覚がもてず、刹那的、享楽的になって、生きがいをなくして孤独にならざるを得ないのです。

我らは生き活きてここにいます。個人的には死ねば無になりますが、社会的には生まれ育った長い歳月の中で培ってきた生活文化が、知らず知らずのうちに遺伝子のごとく後世に伝承されていますので、一人ひとりが何らかの努力、工夫をすることです。

老人から孫への文化の隔世伝承こそが、人生最高の生きがいであり、満足して死ねることです。ただ年齢を重ねて八〇歳・九〇歳になったから敬えと言っても、伝承の努力・工夫をしていなければ誰も敬いません。誰もができる小さなことでよいのです。青少年期の子どもたちに何かを伝えて残していけば、その子たちが成長した暁に感じる〝よくぞ教え、伝えてくれた〟と思う感謝と信頼の気持ちが、古来の〝敬老精神〟であり、人間社会にとっては最高の文化であり心使いであったのです。

二一世紀の科学的文明社会を迎えている私たち人類は、国際化がより効果的に機能するためには、大小にかかわりなくよりよい国家が必要です。その国家の共通の生活文化による地域社会が保たれ、そして信頼社会の最小単位である家族の存在が保障され、日常的な生活文化が伝承されることこそが、生きがいであり、安心、安全に暮らせる社会的存在の意義であり、証明なのです。

・生きがいと納得の知恵

子どもは、人間の形をした動物的人間として生まれます。それを、なすことによって学ぶ見習い体験的学習活動や教育によって、生活文化を共有する社会的人間に育成するのです。誰もが自然によりよい社会人になれると思いがちですが、放置すれば、大半の人は社会化が弱くなり、一人前の社会人にはなりがたいのです。そうすれば、よりよい老人にもなれません。

戦後の民主教育は、子どもを大人と同じように評価し、個性尊重・自主性・積極性・主体性・そして自由平等権利を認めて社会化教育をなおざりにして、若い芽、若い力を提唱し、知識・技能の詰込み教育を重視してきました。それは、日本を占領したアメリカ連合軍が、日本古来の生活文化の伝承を切り、アメリカ人好みの新しい日本人を育成しようとしたからでもあるのです。

半世紀以上も続けてきたこの民主教育には、地域・社会・国の概念が弱く、日本の社会的遺産としての生活文化が認識・評価されていませんでした。そして、国際化や経済発展の理念が強く、主体的な発想と社会意識が弱くなったのです。そのため、戦後一世と言われた世代の多くの日本人が、自信と誇りを失い、外部・他国からの批判や注文を気にして、嫌われないように、問題が起きないように、戦争や不和が起きないようにと心を配りがちになり、心のよりどころや安心感がもてなくなっていたのです。

そのような戦後一世の日本人を見・聞きして育った戦後二、三世代の多くが、日本国の後継者としての社会意識が弱く、人類共通の道徳心や学校で学ぶことの社会的意義すら理解できなくなり、豊かで平和な社会で暮らしていながら、不安と不満が多く、生きがい感がもてなくなっています。

いつの時代にも子どもには社会的責任はありません。子どもは大人によってどうにでも育てられます。それを、子どもは自ら育つという大人が多くなっていることは、社会に対して無責任で社会意識が弱く、社会人としての子どもの育て方を知らない未成熟な人が多い社会現象なのです。何より、子どもも時代に頑張らなくてよい、好きにすればよいと育てられた今日の若い世代の問題は、社会意識が弱く、利己的な上に学習力の低下と読解力、理解力、表現力、判断力、行動力などの低下です。その結果的社会現象が、未婚化であり、少子化や中性化なのです。読解力などは、言葉に付随した体験がなく、文章を読んだり話を聞くだけで培うことは困難です。

人間力の基本は、昔も今もそしてこれからも、人間としての本質が変わらない限り、母語による読解力、表現力、理解力によるのです。そのためには、少年期により多くの遊びや観察、実験などの、なすことによって学び、より多くの生活文化を共有することです。

ここで言う人間力とは、言語能力、道徳心、愛情、情緒･情操の心、風習、体力、精神力などを総合したもので、これらを身につける度合いによって変わるものです。

人間は〝生老病死〟ですが、社会にとっての老人が、一番生きがいを感じ、納得できることは、なすことによって身につけた知恵、生活文化を、子どもや孫たちの住むこの世に残すことです。しかし、今日の日本の老人たちは、スポーツやレクリエーション、旅行などと、自分が楽しむことを中心に考えております。しかも、行政が、変化の激しい科学的文明社会に対応する手段として、老人たちに生涯学習を勧めてもいますので、老人たちは多忙なスケジュールに追われ、自分がこれまでに培ってきた文化的財産を、この世に残そうとする努力、工夫をしてはおりません。そのため、社会的な老人という自覚すらなくなり、いつまでも利己的発想をし、納得のできないまま不安な日々を忙しく過ごしている人が多くなっています。

老人が培ってきた生活文化を、そのままあの世にもって行かれたら、社会的には大きな損失です。可能な限り、この世に残してから行ってもらうことです。何より老人の一番の生きがい、満足感は、自分が培ってきたものを孫の世代に伝え、この世に残していくことなのです。

老人とは、すでに何度も記しましたように、多くの経験や知恵のある、生活文化を身につけた人を意味する、社会的な用語です。その老人が、若者と同じように、享楽的な文明社会に溺れ、利己的欲望を満たす現世主義にひたっていれば、歴史的社会に生きている自覚はもてず、孤独で利那的にならならざるを得ないので、満足することはないのです。

人は生き活きてここにいます。個人的には死ねば無になりますが、社会的には遺伝子のごとく永続します。各自が長年培ってきた生活文化は、後世の社会にとっては貴重な文化遺産となり、大事な文化的遺伝子、ミトコンドリアとなるのです。

私たちは、自分が信頼できる人々がいる社会に帰属意識をもち、生活文化を共有し、そして、それらすべてを後世に伝えていくことこそ、社会意識による道徳心が篤く、よりよく、より元気に生きたことの証であり、人生に生きがいを感じて納得し、現世に別れを告げることができるのです。

喜寿の身に　太鼓につれて　音頭とる
故郷遠く　思い馳せらむ

3　生活文化としての正月

・元日の朝

二〇一七（平成二九）年元日の朝、東京は雲ひとつない突き抜けるように澄み切った青空で、摂氏

一二、三度と大変穏やかでした。
午前七時過ぎに起き、まずは神棚に手を合わせ、九時から近くの井草八幡宮へ、自転車で初詣。すでに五、六〇〇人が列をなしていましたので、三〇分近くも並んで待ちました。

家内安全と健康を祈願し、本年から始める〝健康寿命を延ばす歩く国民運動〟の遂行を誓いました。そして、一，三〇〇円の破魔矢を買い、二〇〇円でおみくじを引くと、〝小吉〟でした。

我が家に戻って年賀状を受け取り、一〇時過ぎから家族で、「明けましておめでとう、今年も元気で頑張ろう」と言っておちょこで酒（おとそ）を飲み、妻の作ったおせち料理と雑煮を食べました。

五人の子供はみな成人し、家族が集う元旦といえども、残念なことですが三人は仕事があるとかで帰って来ず、妻と長男、三女の四人です。

普段はあまりしない雑談に花が咲き、一一時半までお正月気分の和やかな時が流れました。

・祖霊を迎える風習

天変地異の自然現象は、天の神による仕業だと考えていました古来の日本人は、自然を魔物、不可抗力、神として崇め、恐れていました。

その神への使者の役目を、長寿で生命力の強かった先祖の霊が、きっと果たしてくれると考えた人々は、先祖崇拝という〝祖霊信仰〟の精神世界を発展させてきたのです。

これまでの日本人は、災害を恐れても、ともに生きる神の加護を願い、祖霊が神への連絡役を果たしてくれると信じて、天（神）、山（自然）、祖霊（人）が一体化する理念を培ったのです。

日本の元旦は、自分たちの先祖を崇拝する祖霊信仰（神道）によるもので、先祖の霊が家に戻り、家族が揃って絆を深め合い、気力や元気を確かめ、分ち合う神人共食の儀式なのです。

年の暮れに山から戻ってくる先祖霊、年神さまの依り代が、山から切り出してきた門松・松飾りやしめ飾りなのです。そして、家族は、祖霊を迎えて三が日をともに過ごすため、大晦日におせち料理を準備し、元旦に酒（おとそ）を供え、皆が揃って祖霊神である年神さまと共食をするのです。

門松としめ飾り

各家だけではなく、共同体の村や地区である地域社会の祖霊神、氏神の依り代としての神社に、年明け早々に参拝するのが初詣なのです。その意味を知ってかどうかわかりませんが、今日の日本人の約六三パーセントが初詣をするそうです。

・元日の挨拶

おせちやお雑煮を食べ、おとそを飲んでご機嫌な私は、一二時から一人で散歩に出かけました。

近くの妙正寺公園に行き、そこから始まる妙正寺川の両岸に歩道がありますが、日の当たる左岸（北側）の道に沿って南東の方に向かって歩きました。天気は快晴で風もなく、三月中旬の温かさなので、冬用のシャツの上にセーターを着てのんびりと歩きながら、行き交う人に「明けましておめでとうございます」と声をかけ、頭を下げました。

杉並区から中野区に入り、区立鷺ノ宮体育館や西武新宿線の鷺ノ宮駅を通りすぎ、洪水防止用の溜め池のある、〝やよいばし〟まで四～五キロを歩きました。そこから今度は右岸のウオーキングコースを引き返しました。家にたどり着いたのは、午後一時四〇分で、万歩計によりますと一二，五〇六歩でした。

この往復の間、約二〇〇人の方々に、元日の挨拶をし、頭を下げますと、相手の反応はさまざまでした。

「あっ!、おめでとうございます」

驚きながらも多くの方が言葉を返してくれましたが、中には、「あっ！」と驚いて声を呑んだままの人、黙って頭を下げる人、黙ったまま立ち止まり、怪訝な表情で目を見張り、何も言わない人、無反応な人、スマホに夢中な人などでした。

・正月行事は生活文化

元日に散歩して、多くの人に新年の挨拶をしますと、約半数の方が、快く「おめでとうございます」と返してくれました。実に気持ちがよく、自分が今、日本で元気に生きていることを実感し、何とも楽しい、平和で幸福な気持ちになりました。そして脳裏では、「よし、今年も頑張るぞ」などと、自分を励ましていました。しかし、無反応や無視されますと、異文化人のようで、何となく淋しく、不安な気持ちになりました。

歩きながら各家の門や扉を見ましたが、門松やしめ飾りのない家が半数近くもありました。祖霊を迎える依り代のない家が多くなっていることは、やはり淋しい現象です。

日本は、戦後急にアメリカ化して、日本の生活文化を知らない人、異文化人、異教徒が多くなっていますが、その比率が五〇パーセント以上になりますと、社会は不安定化し、衰退します。

日本人にとってのお正月は、初詣もさることながら、家族そろって祖霊神と共食し、絆を深め合うことであったのですが、今日では、門松の意味も知らず、新年の挨拶もなく、一人ぼっちで過ごす人が多くなっているそうです。

あとがき

私たち人間の心・胸の内には、善と悪がいて常に戦っていますが、道徳的な良心の葛藤は、好奇心、射幸心、競争心、名誉心、嫉妬心、打算、愛情、執念深さなどによって、万華鏡のように絶えず変化し、繰り返されています。

人間としての利他的な良心は、いかなる民族にもあり、社会の進化とともに社会的危機管理能力としての道徳心が向上してきましたので、いかなる人にも多少なりとも道徳心は存在します。

特に日本は、海に囲まれた国の定住社会でもあったので、大陸の諸民族よりも利他的な道徳心が篤く、恥をかかない、他人から後ろ指をさされないように気を使うことが一般化していました。

私は、世界各国を探訪して、日本人が他の国の人々よりも道徳心が篤く、社会が安定していることを知らされ、人類の先見的なこの特徴的な生活文化を継続させることの重要性を感じ、社会の後継者づくりとしての、青少年の健全育成活動を始めたのです。その活動内容は、青少年が、子どもから老人までの異年齢集団活動を通じて、日本の生活文化を見習う機会と場とすることです。

日本は、農業立国から工業立国へと変化、発展し、生活様式が大きく変わりましたが、自然環境に順応する生活文化は、革命的には変化していないのです。

欧米諸国の工業化と、日本の工業化による社会のあり方が、少々違っていても不思議ではないのですが、戦後の日本はあえて同じようにする傾向がありましたので、青少年の育成活動に、日本の生活文化の伝承を中心に考え、あえて生活体験と自己鍛錬という日本的な活動を取り入れました。

何より、世界に誇れる庶民の文化的な日本らしさとは何かを考え、私たちの心の遺伝子（ＤＮＡ）・〝道徳心〟についての、科学的文明社会に対応する青少年教育のあり方を、教育人類学としての野外文化教育の見地から記述したのです。

文献による座学的な理論ではなく、半世紀もの世界各国探訪と民族踏査、そして青少年育成活動による体験知を総合した、実学的内容としましたので、より多くの方の目に触れ、世界に誇れる日本人の心としての文化遺産について、より良く認識を深め、二〇二〇年の東京オリンピックを機会に、世界の多くの人々に理解してもらえるきっかけとなればと思っています。

なお、巻末の〝生活文化としての正月〟の項は、急遽追加しましたので、三和書籍の編集者福島直也さんには手数をかけさせました。また、高橋 考社長にも前著に引き続きお世話になりました。心から感謝申し上げます。

二〇一七年　一月一一日

於・東京都杉並区今川

森田　勇造

【著者】

森田　勇造（もりた　ゆうぞう）

昭和15年高知県生まれ。

昭和39年以来、世界（142カ国）の諸民族の生活文化を調査し続ける。同時に野外文化教育の研究と啓発、実践に努め、青少年の健全育成活動も続ける。元国立信州高遠少年自然の家所長。元国立大学法人東京学芸大学客員教授、現在、公益社団法人青少年交友協会理事長、野外文化研究所所長、野外文化教育学会顧問、博士（学術）、民族研究家、旅行作家。

〈主要著書〉

『これが世界の人間だ―何でもやってやろう―』（青春出版社）昭和43年、『未来の国オーストラリア』（講談社）昭和45年、『日本人の源流を求めて』（講談社）昭和48年、『遥かなるキリマンジャロ』（栄光出版社）昭和52年、『世界再発見の旅』（旺文社）昭和52年、『わが友、騎馬民』（学研）昭和53年、『日本人の源流』（冬樹社）昭和55年、『シルクロードに生きる』（学研）昭和57年、『「倭人」の源流を求めて』（講談社）昭和57年、『秘境ナガ高地探検記』（東京新聞社）昭和59年、『チンギス・ハンの末裔たち』（講談社）昭和61年、『アジア大踏査行』（日本文芸社）昭和62年、『天葬への旅』（原書房）平成3年、『ユーラシア二一世紀の旅』（角川書店）平成6年、『アジア稲作文化紀行』（雄山閣）平成13年、『地球を歩きながら考えた』（原書房）平成16年、『野外文化教育としての体験活動―野外文化人のすすめ―』（三和書籍）平成22年、『写真で見るアジアの少数民族』Ⅰ～Ⅴ（三和書籍）平成23年～24年、『逞しく生きよう』（原書房）平成25年、『ガンコ親父の教育論―折れない子どもの育て方―』（三和書籍）平成26年、『ビルマ・インパール前線　帰らざる者への追憶―ベトナムからミャンマー西北部への紀行―』（三和書籍）平成27年。

日本人が気づかない心のDNA

――母系的社会の道徳心――

2017年 3月 7日　第1版 第1刷 発 行

著　者　森　田　勇　造

発行者　高　橋　　考

発行所　三　和　書　籍

〒112-0013　東京都文京区音羽2-2-2
TEL 03-5395-4630　FAX 03-5395-4632
info@sanwa-co.com
http://www.sanwa-co.com

ISBN978-4-86251-212-3 C0036

印刷所／製本　モリモト印刷株式会社

本書の電子版（PDF形式）は、Book Pub（ブックパブ）の下記URLにてお買い求めいただけます。
http://bookpub.jp/books/bp/462

三和書籍の好評図書

Sanwa co.,Ltd.

ビルマ・インパール前線　帰らざる者への追憶

ベトナムからミャンマー西北部への紀行

森田勇造 著　四六判　並製　220 頁　本体 1,700 円＋税

本書は、著者が今年戦後 70 周年を迎えるにあたり、かつて日本軍が進駐した地域の一部であるインドシナ半島のベトナムからラオス・タイ・ミャンマー、そして世に名高いインパール作戦の地であるミャンマー西北のカボウ谷のタムまで、約二千キロにおよぶ過酷な戦争行為の跡をたどった旅の記録である。

ガンコ親父の教育論

折れない子どもの育て方

森田勇造 著　四六判　並製　256 頁　本体 1,800 円＋税

長年にわたり世界の諸民族の生活文化を踏査しながら青少年育成活動を続ける著者が、少年期の子どもをもつ親や教育者のために、野外文化教育的見地から、「日本のよさ』を継承し、たくましく生きることのできる青少年の育成論をまとめた。

写真で見るアジアの少数民族 全５巻セット

森田勇造 著　B5 判　並製　本体 17,500 円＋税

好評既刊写真でみるアジアの少数民族シリーズ全五巻セット（箱入り）。
①東アジア編／②東南アジア編／③南アジア編／④中央アジア編／
⑤西アジア編

いま注目を集めるアジアだが、一歩踏み込めば各地に遍在する少数民俗の暮らしを垣間見ることができる。さまざまな民族の生活文化を、著者自ら単独取材し撮影した貴重な写真と文章で浮き彫りにする。

野外文化教育としての体験活動

野外文化人のすすめ

森田勇造 著　A5 判　上製　261 頁　本体 2,000 円＋税

本書は、少年期の体験的教育としての体験活動について、新しい教育観による野外文化教育学的な見地から解説したものである。生きる力や感じる心を培う体験活動について体系的にまとめている。